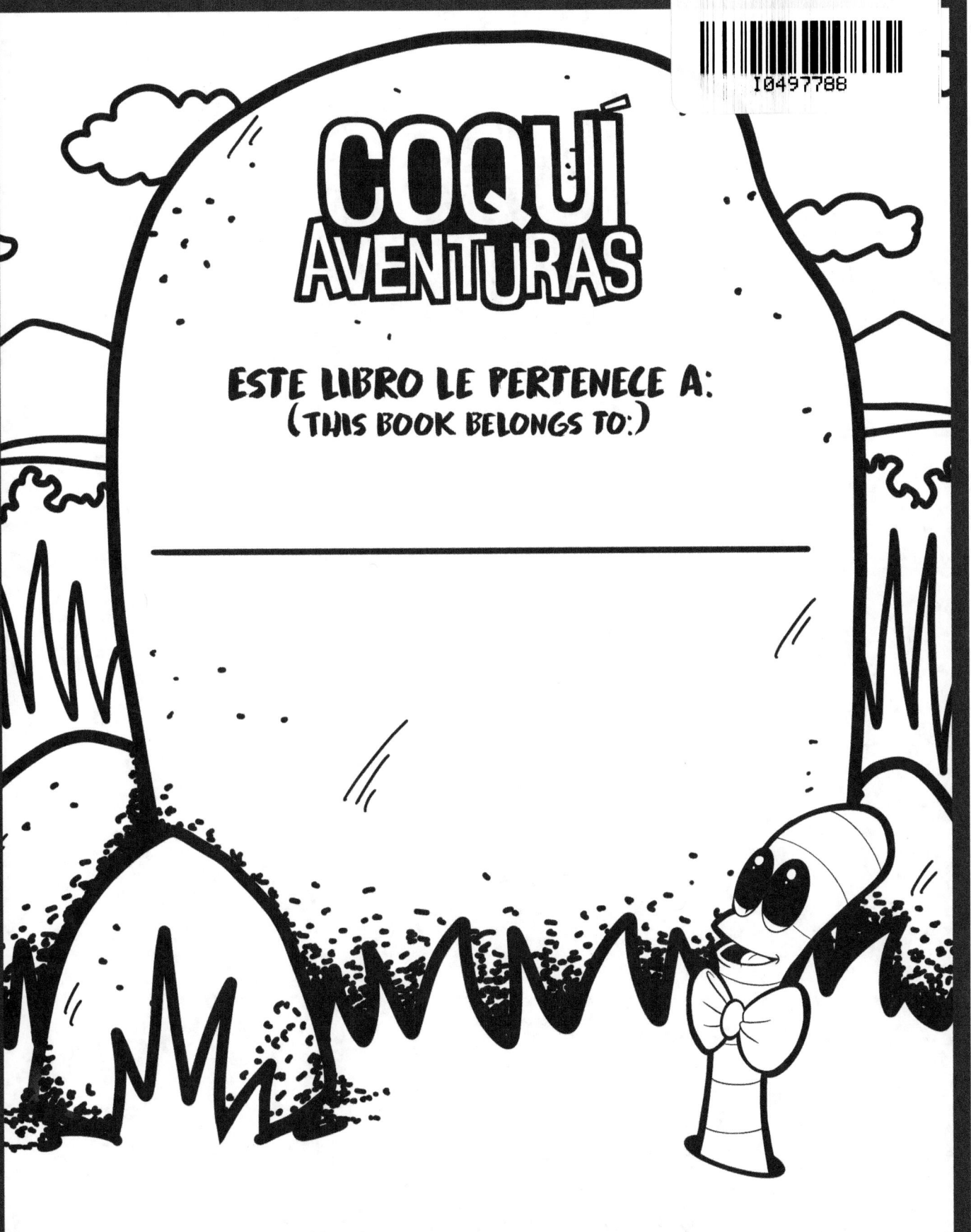

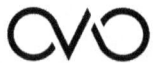

Copyrights 2021, Christian Alduén
Author & Illustrator

 The Art of Christian Alduen   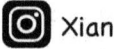 XianPR

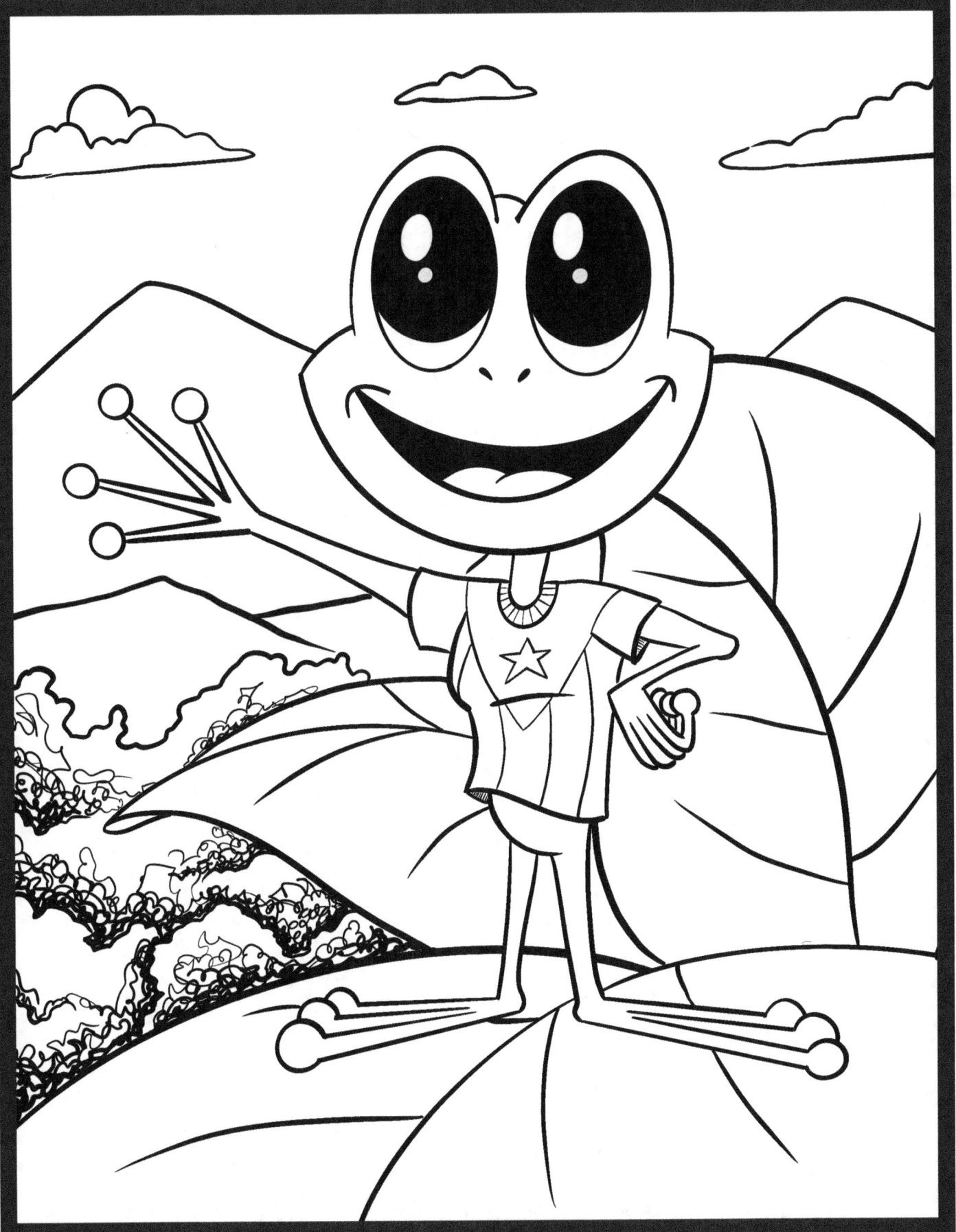

Hola, mi nombre es Koki Coquí y soy de Puerto Rico.
(Hi, my name is Koki Coquí and I am from Puerto Rico)

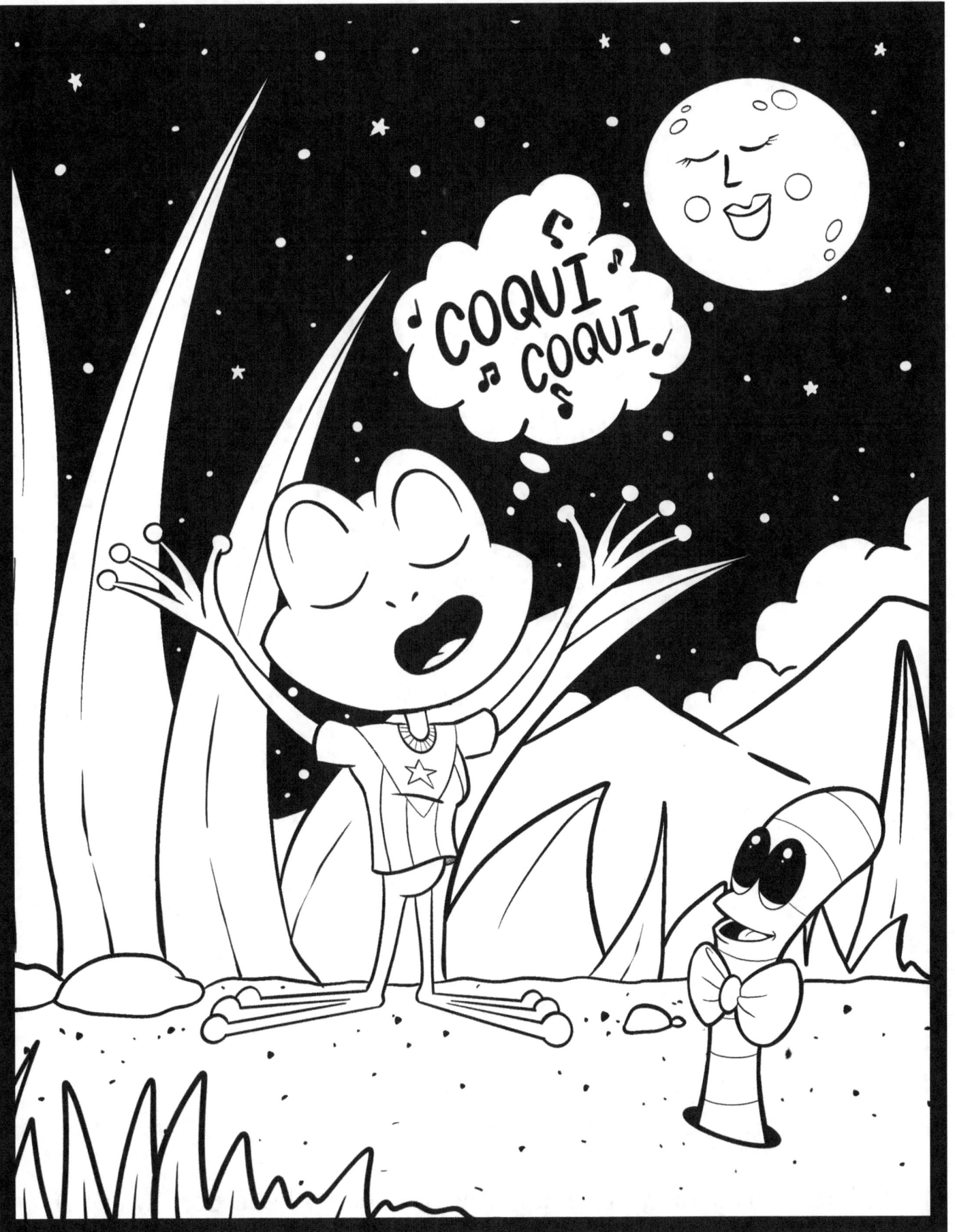

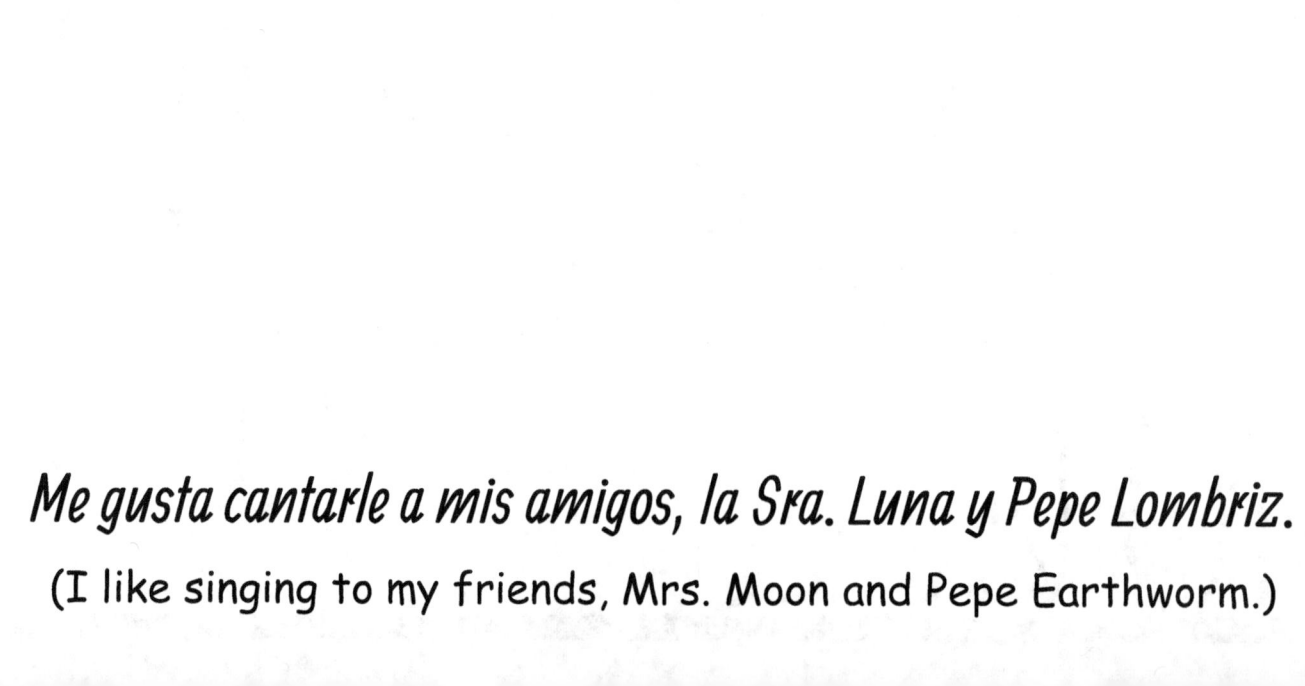

Me gusta cantarle a mis amigos, la Sra. Luna y Pepe Lombriz.
(I like singing to my friends, Mrs. Moon and Pepe Earthworm.)

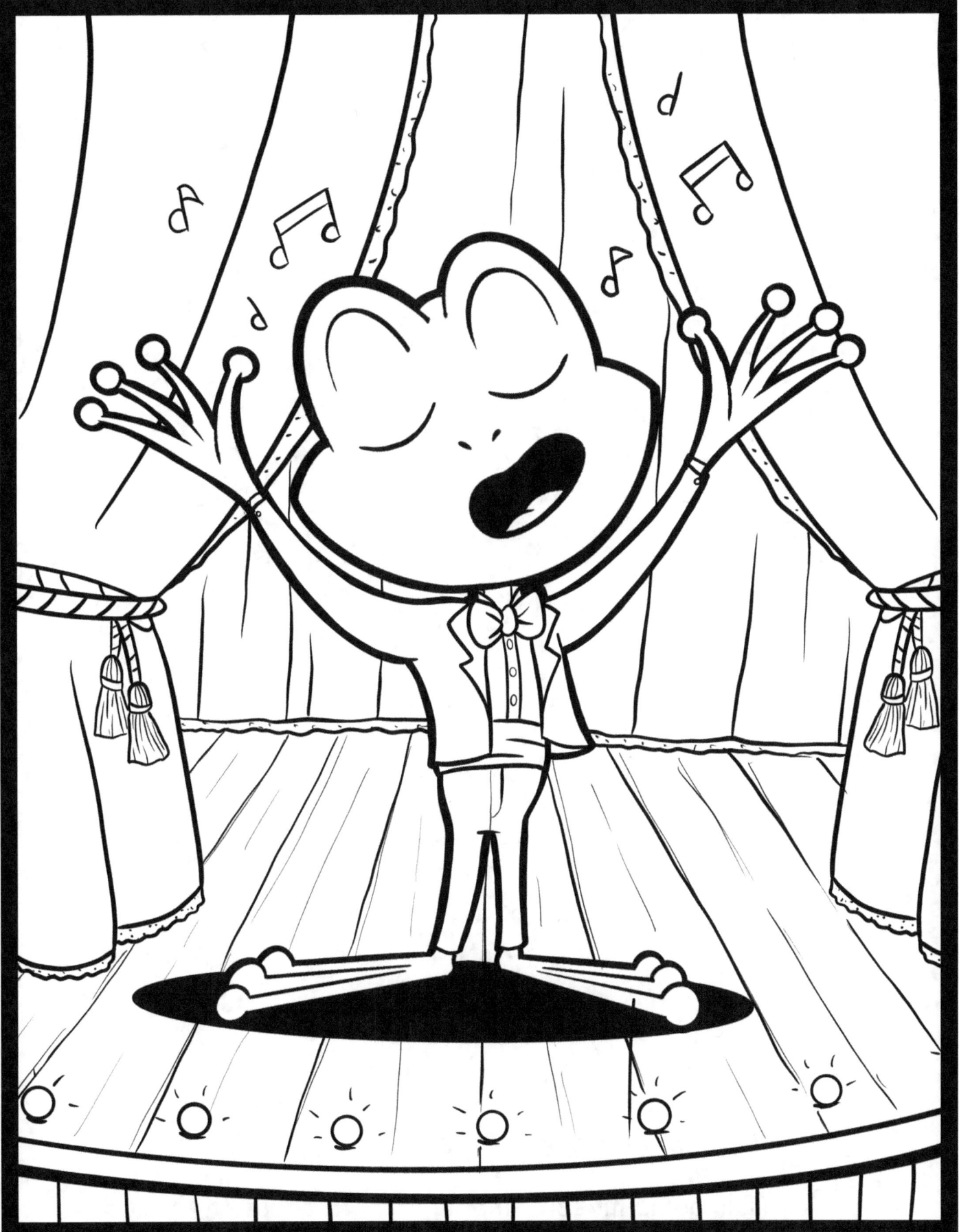

Me imagino cantando en un gran teatro.
(I imagine myself singing in a big theater.)

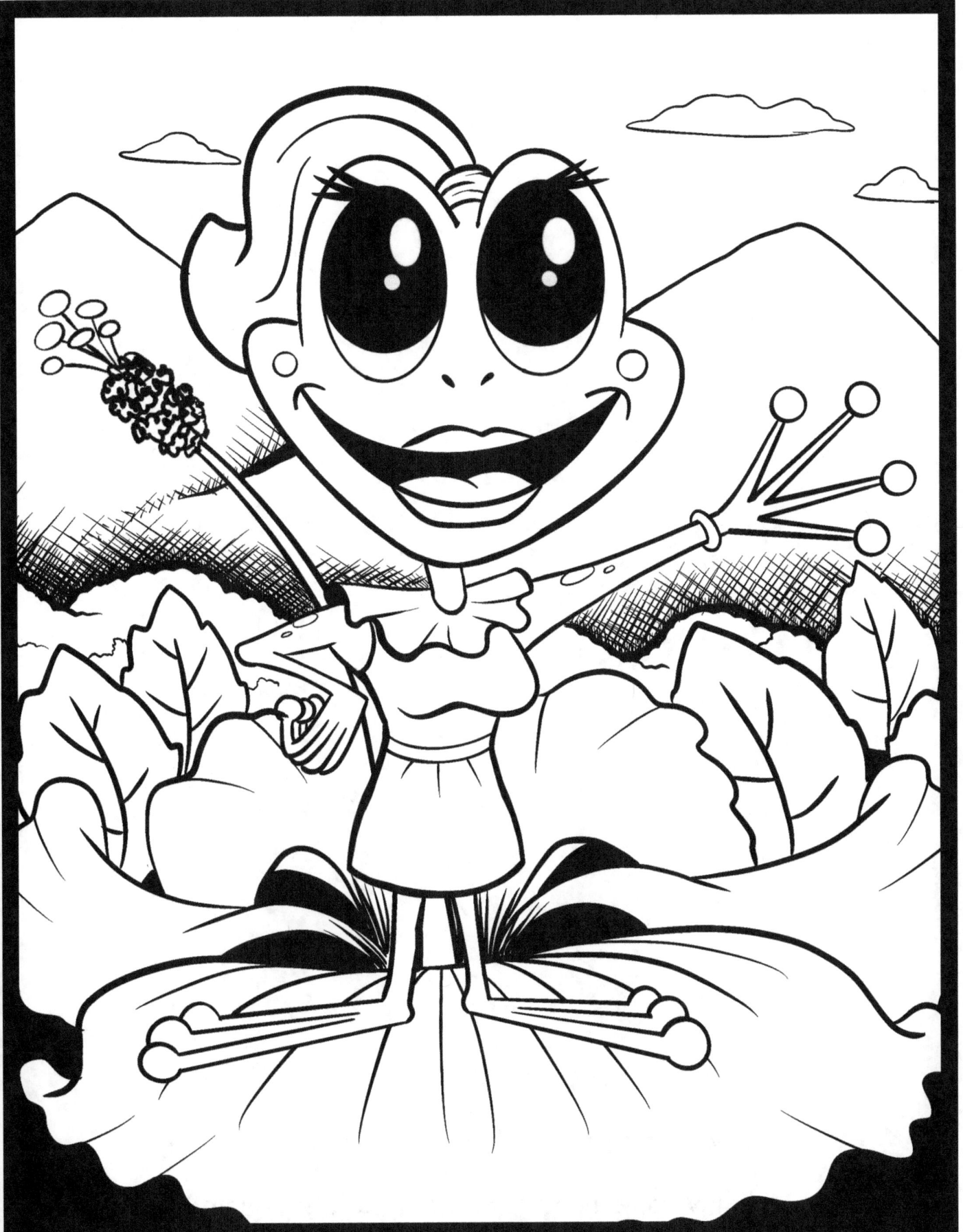

Hola, mi nombre es Nika y Soy prima de Koki.

(Hi, my name is Nika and I'm Koki's Cousin.)

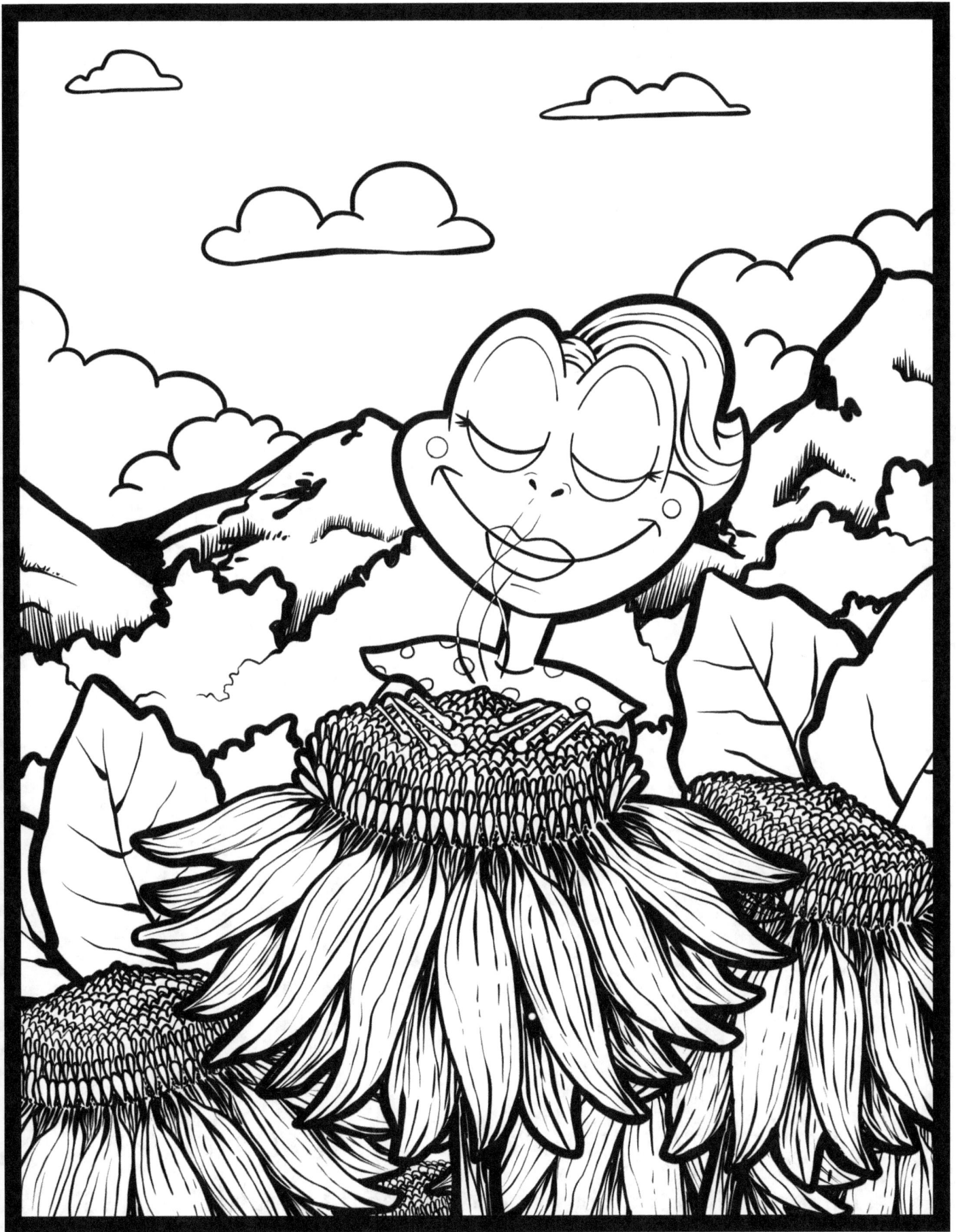

Me encanta oler las flores y ver sus hermosos colores.
(I like smelling the flowers and seeing its beautiful colors.)

COLORES POR NÚMEROS (PAINT BY NUMBERS)

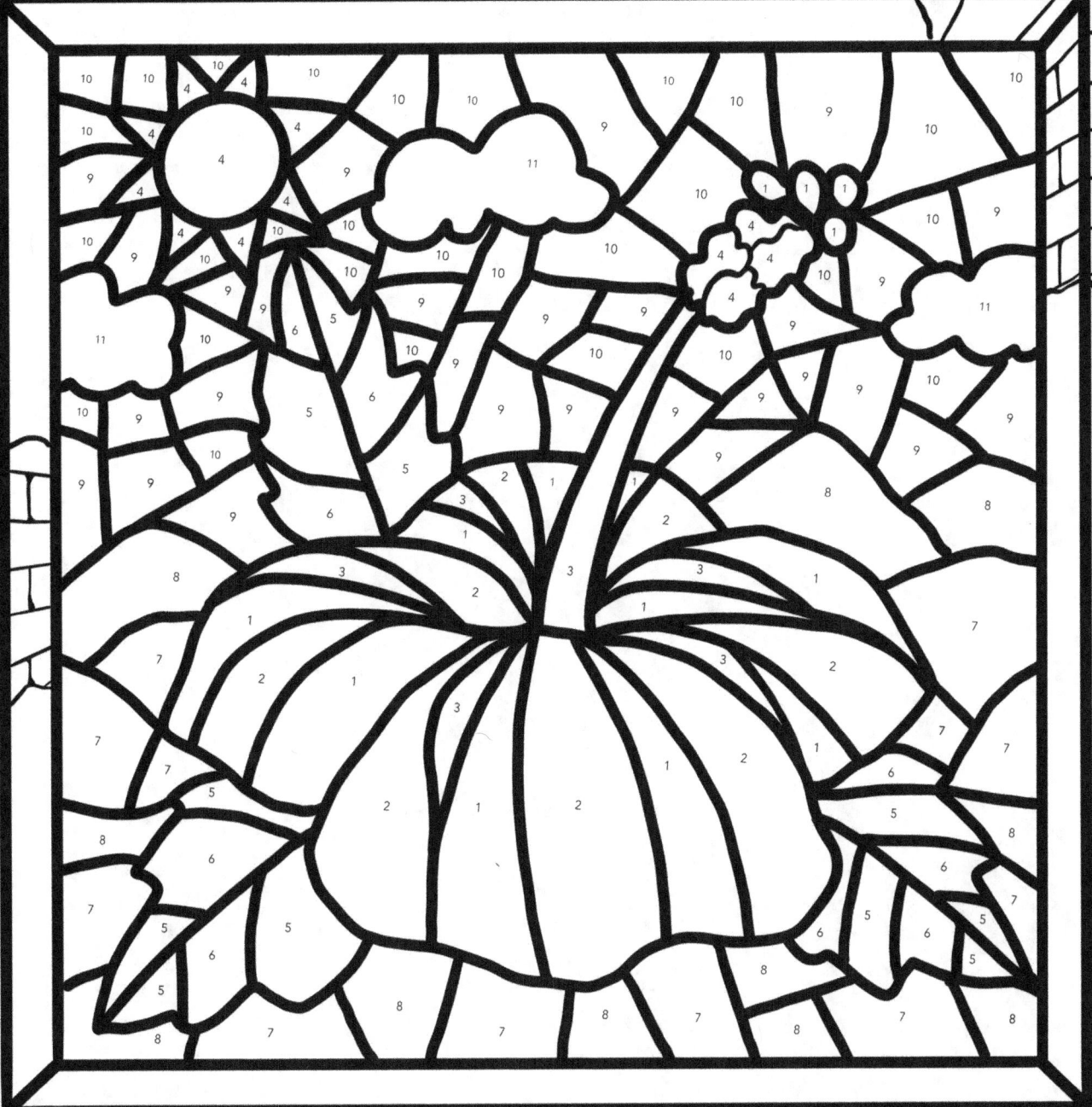

1= Rojo (Red)
2 = Rojo Anaranjado (Red Orange)
3= Rosa (Pink)
4 = Amarillo (Yellow)
5 = Verde (Green)
6= Verde Amarillo (Yellow Green)
7 = Marrón (Brown)
8 = Marrón Claro (Light Brown)
9 = Azul (Blue)
10 = Azul Cielo (Sky Blue)
11= Blanco (White)

Colorea por Números.

(Paint by Numbers.)

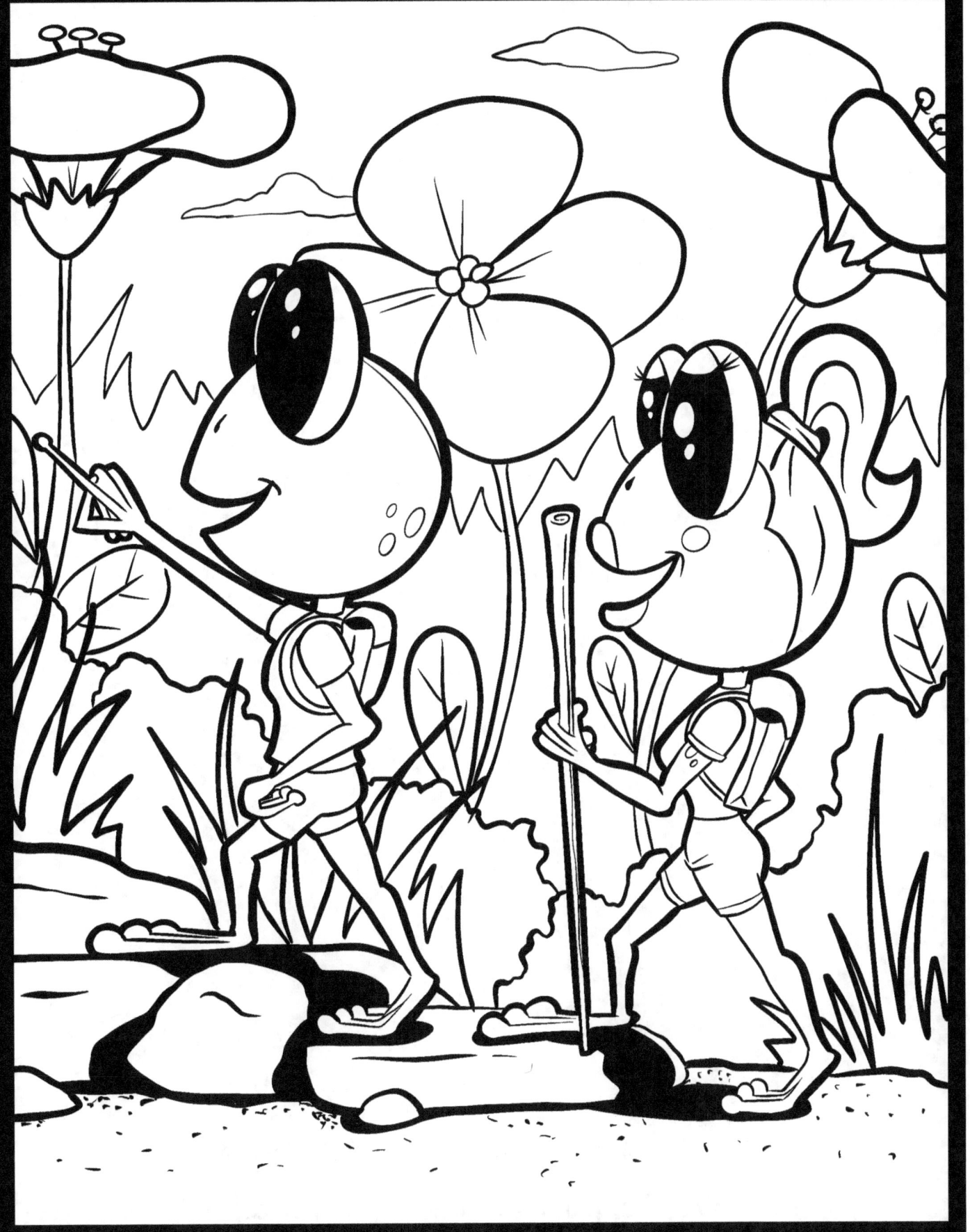

Nos gusta ir de caminata por el bosque.

(We like going hiking into the wood.)

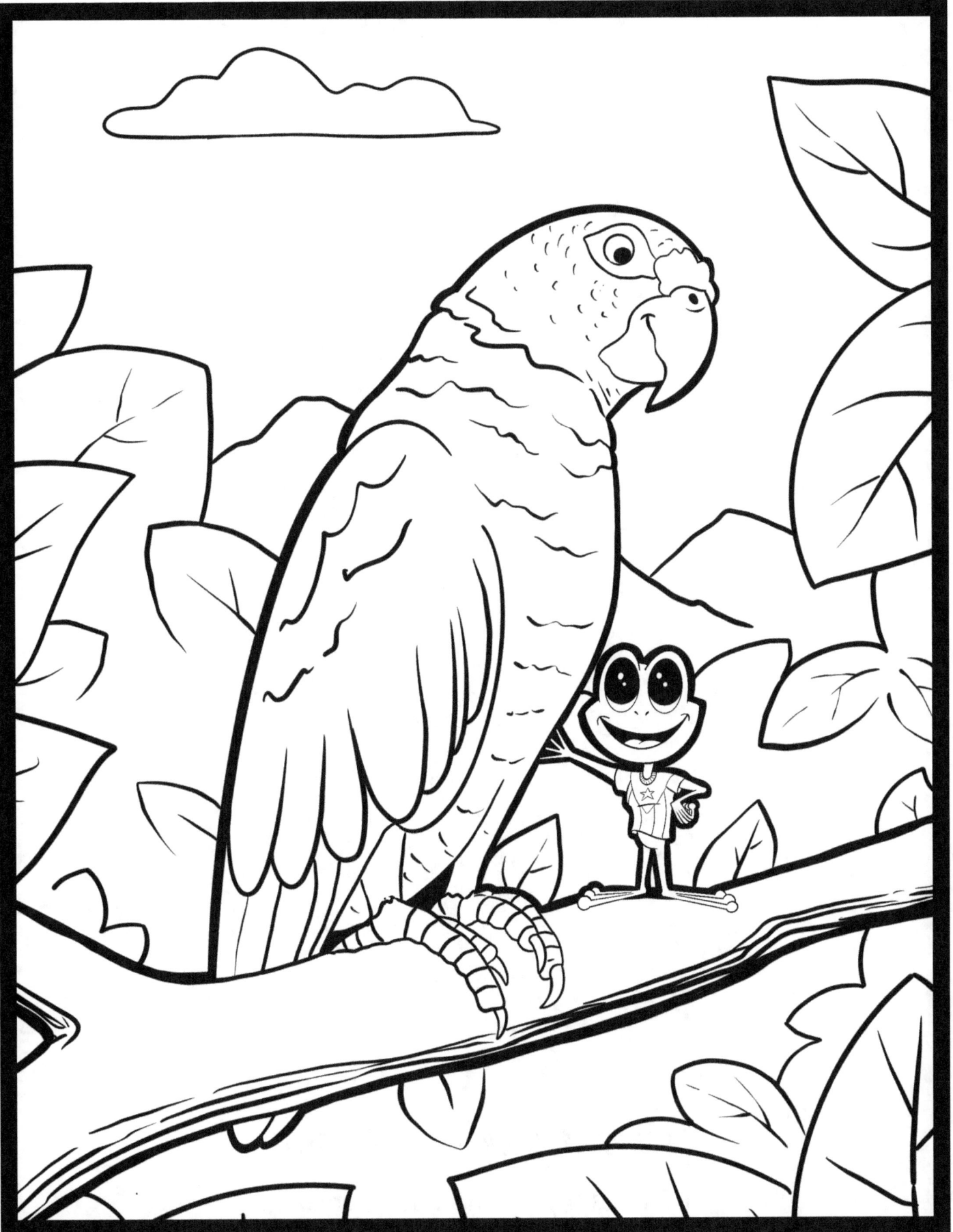

Este es mi amigo Paco Cotorra.

(This is my friend Paco Parrot.)

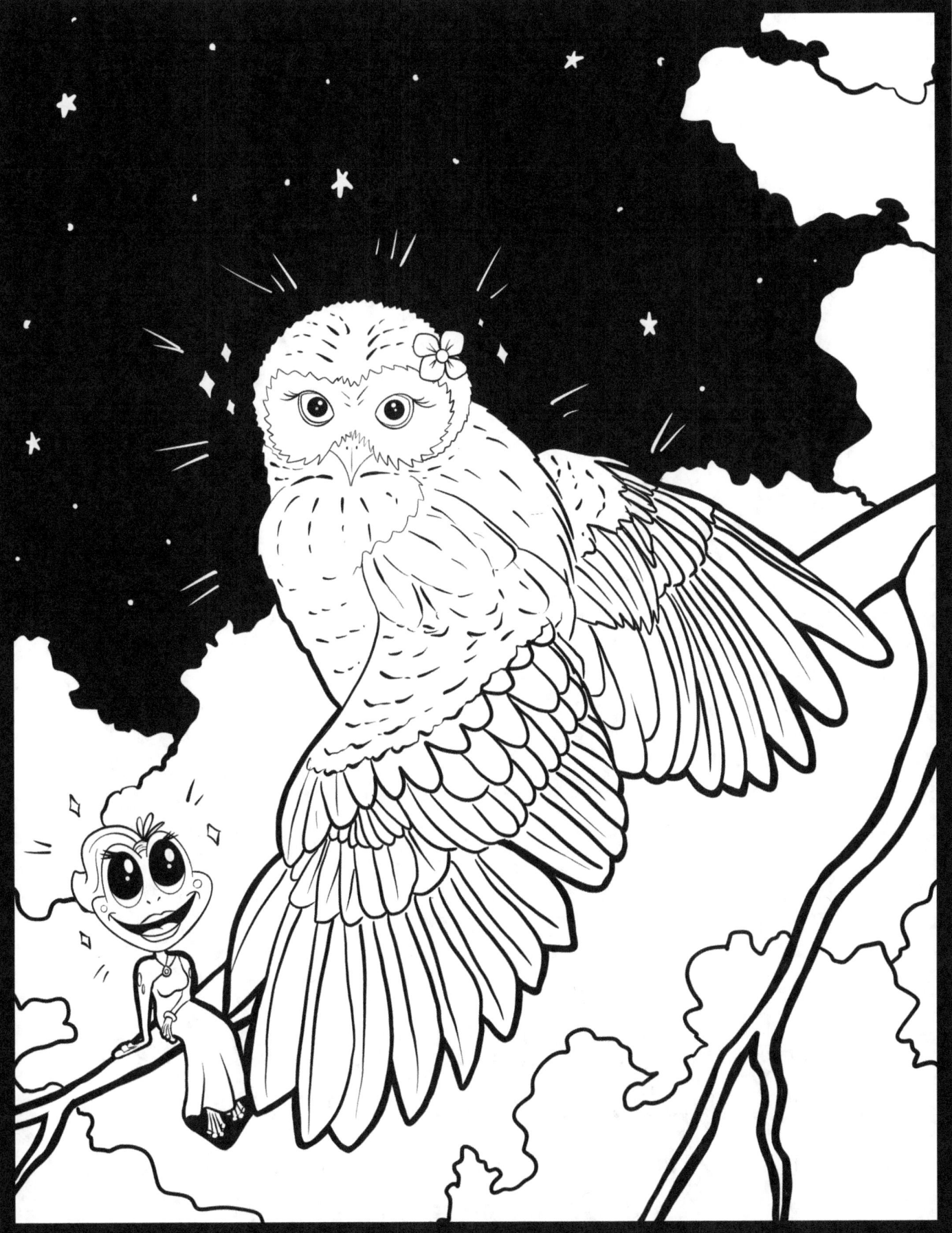

Y esta es mi amiga Sandy la Mucaro. Nos gusta enseñar nuestros mejores trajes... o plumas.

(And this is my friend Sandy the Owl. We love to show off our dresses ... or feathers.)

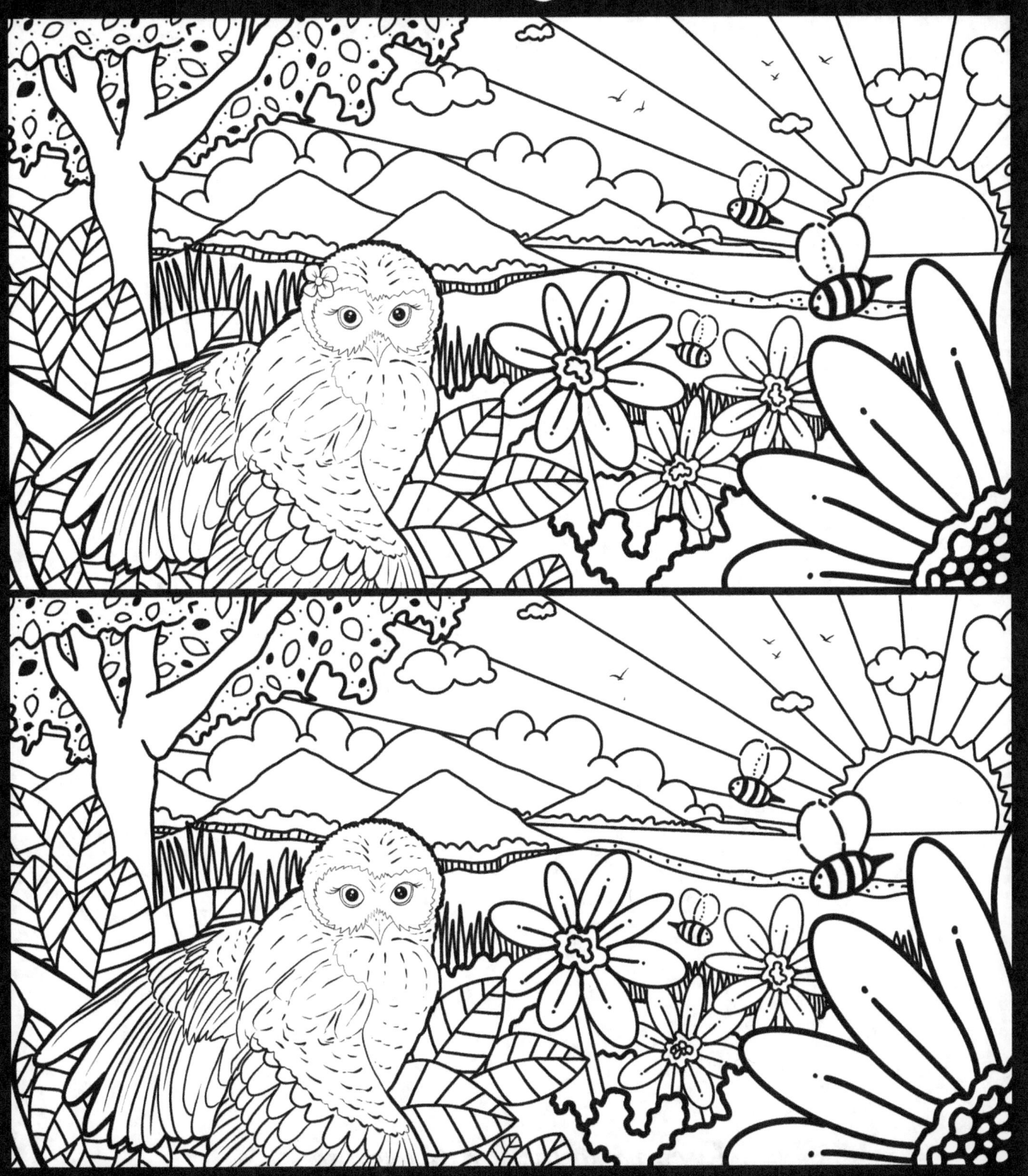

Encuentra las 8 diferencias.

(Spot the 8 differences.)

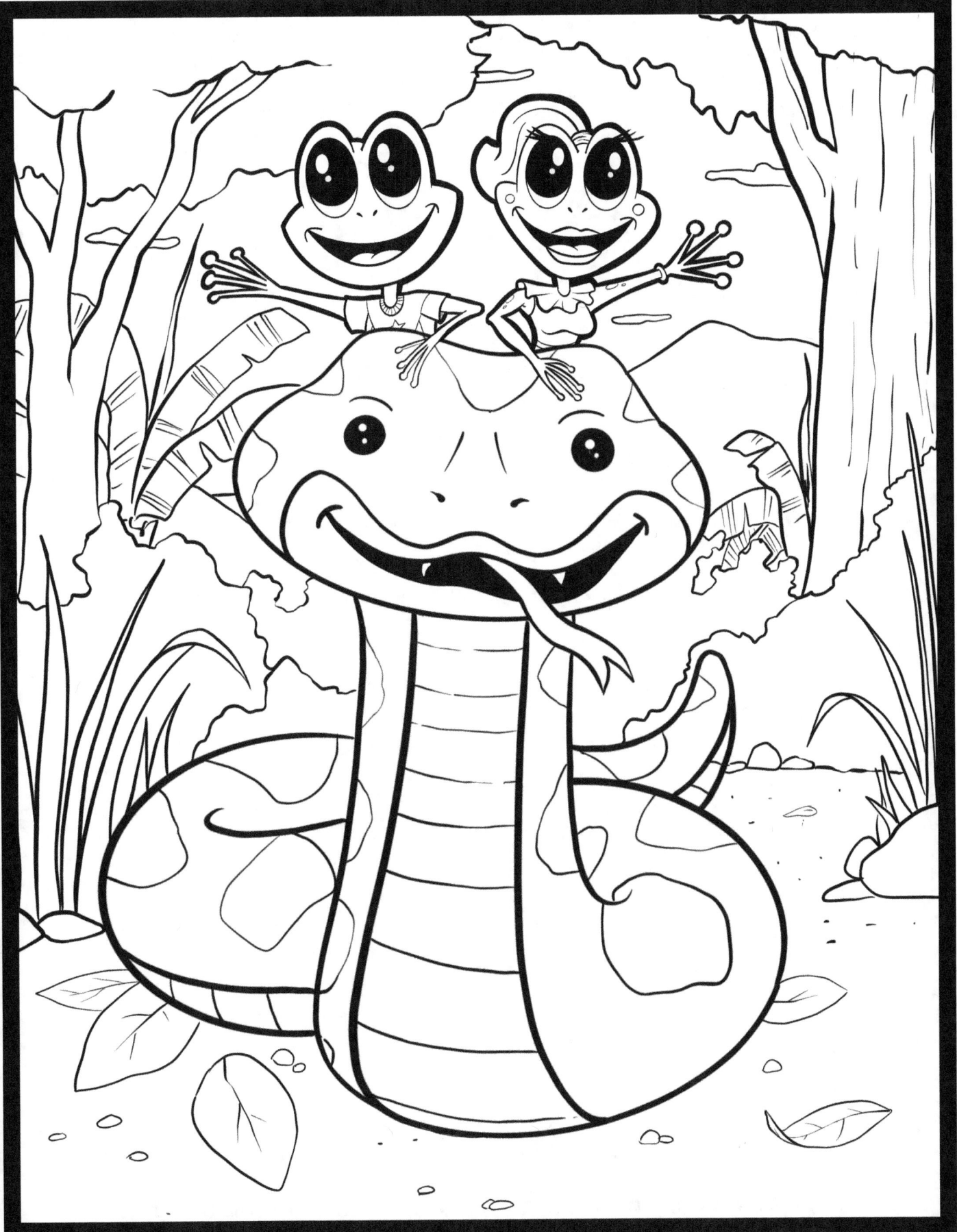

Nos encanta cuando nuestro amigo Juan Boa nos lleva de paseo.

(We love when our friend Juan Boa take us on a ride.)

LABERINTO (Maze)

Ayuda a Koki Coquí a llegar a la piedra con el jeroglífico de un coquí.
(Help Koki Coquí to get to the stone with the hieroglyphic of a Coquí)

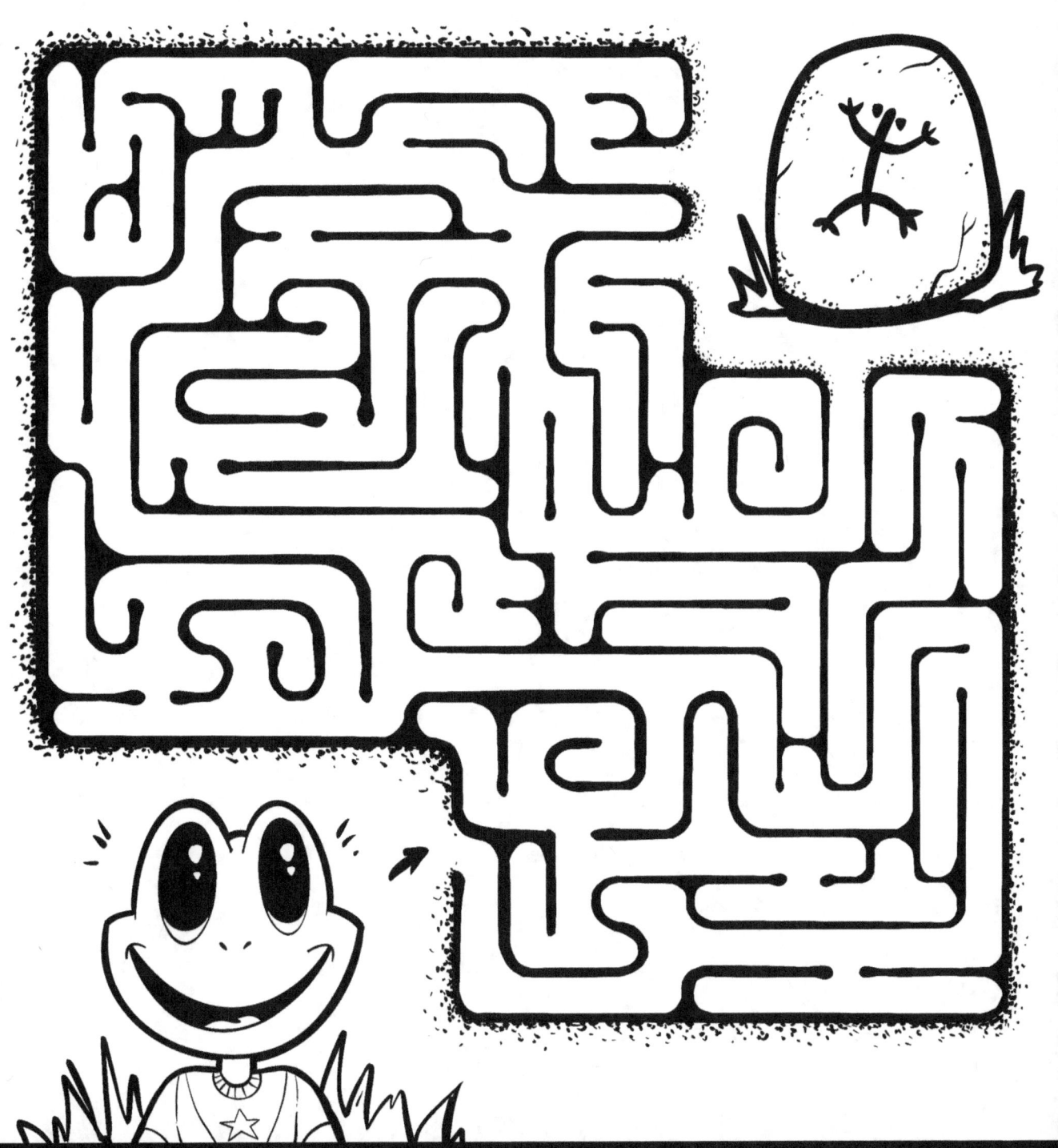

Laberinto

(Maze)

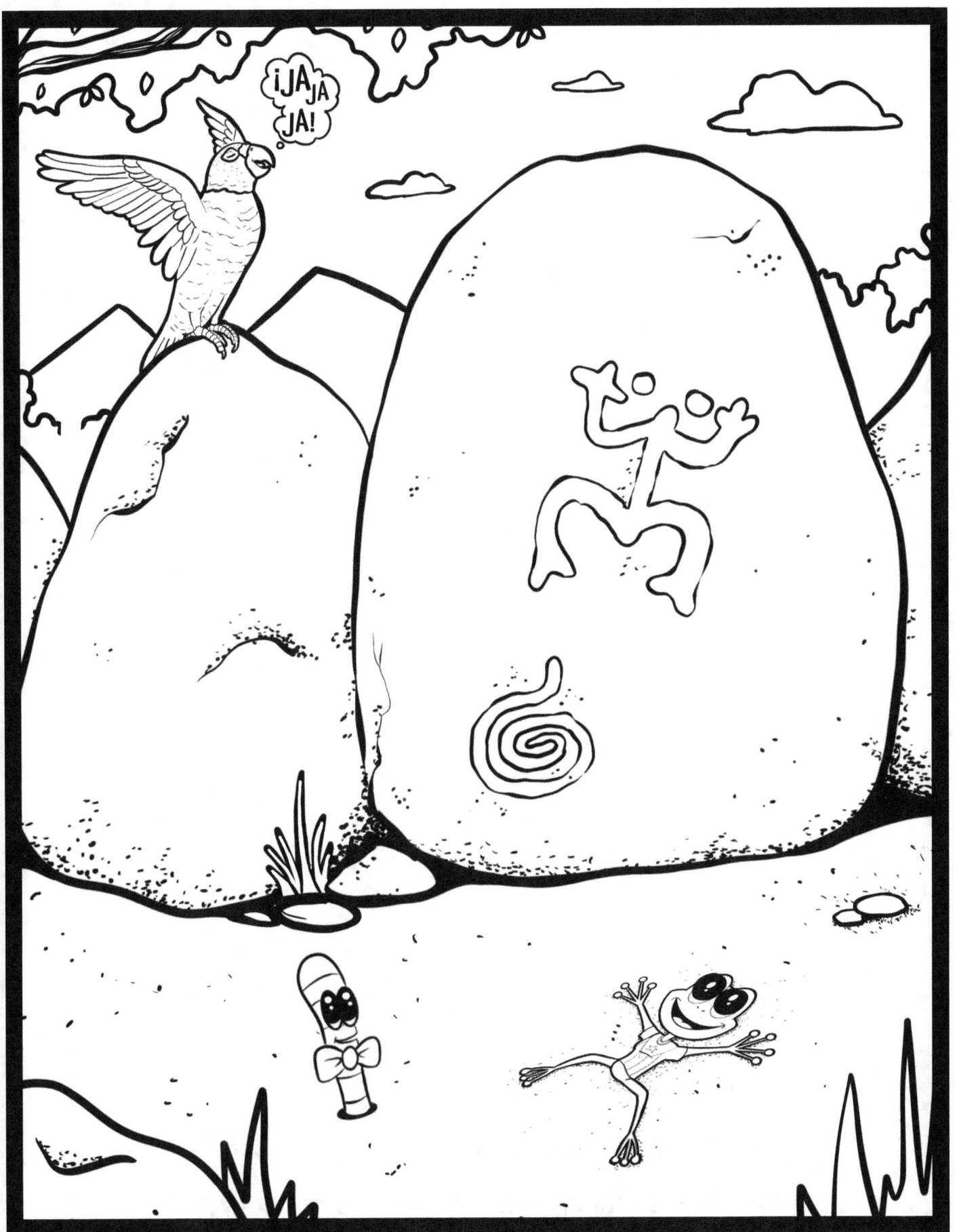

Nos divertimos mucho imitando a los jeroglíficos.

(We have so much fun copying the hieroglyfic.)

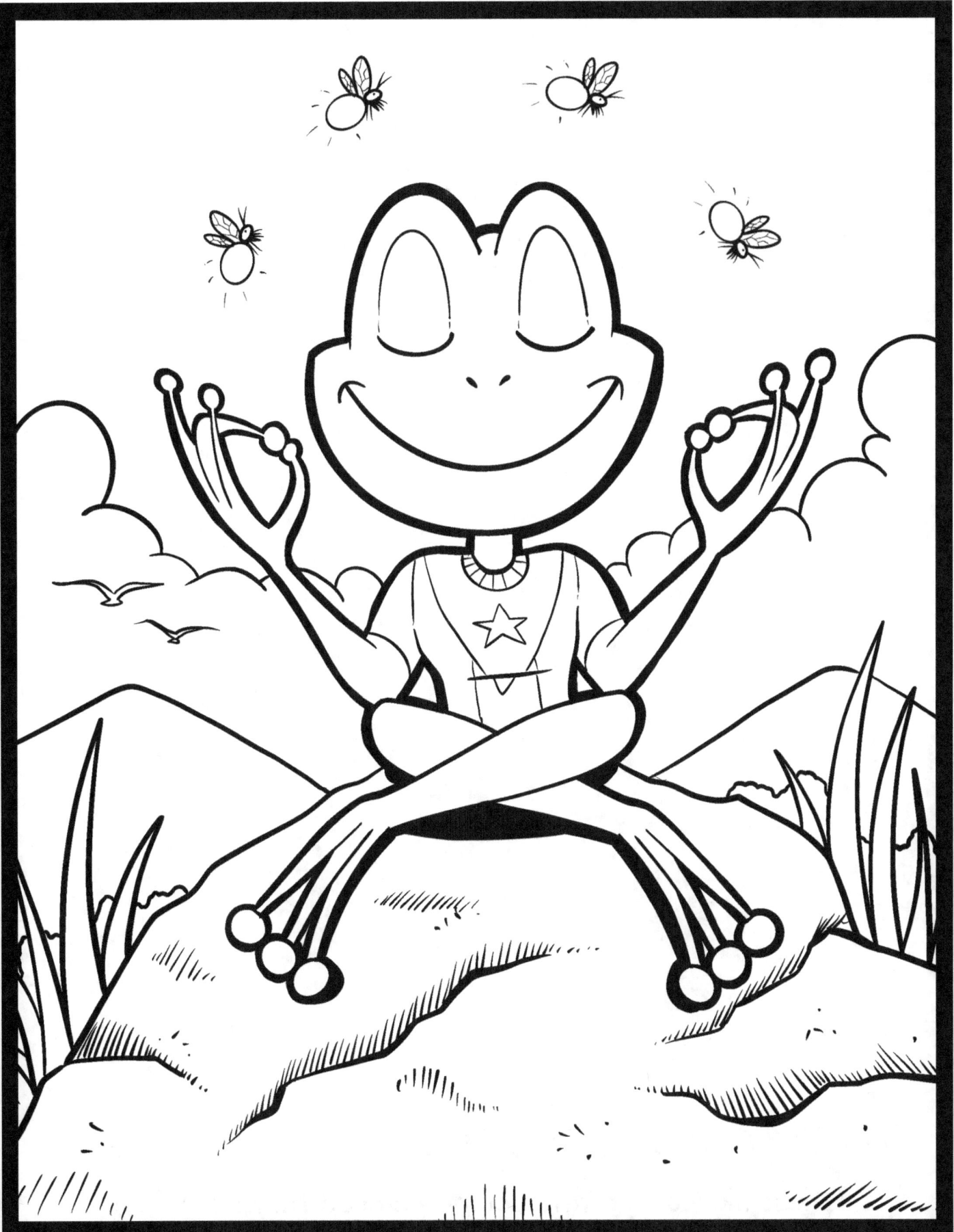

También me gusta meditar sobre las cosas buenas de la vida.

(I also like to meditate about the good things in life..)

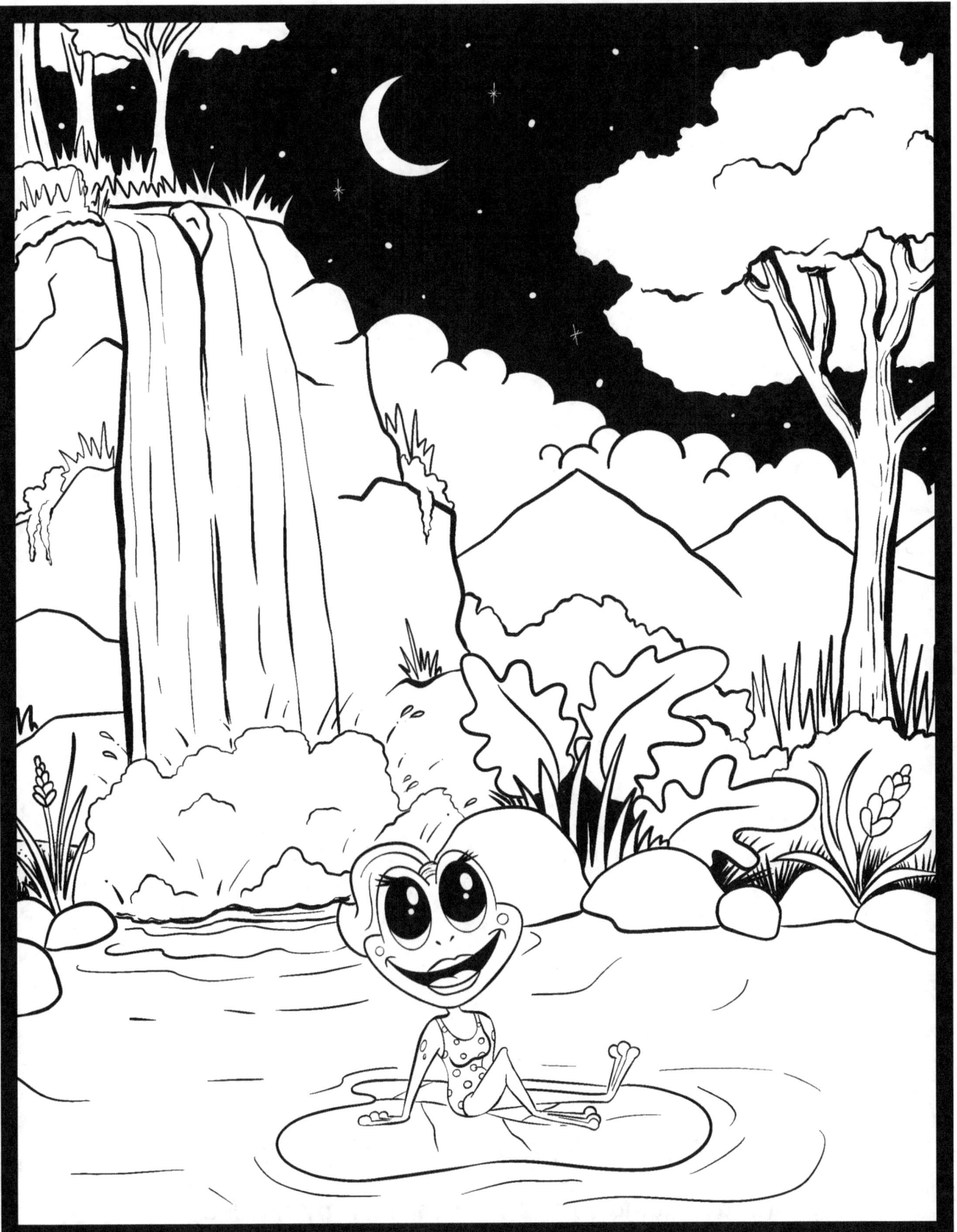

Me encanta ir al rio y disfrutar de la naturaleza.

(I love going to the river and enjoy nature.)

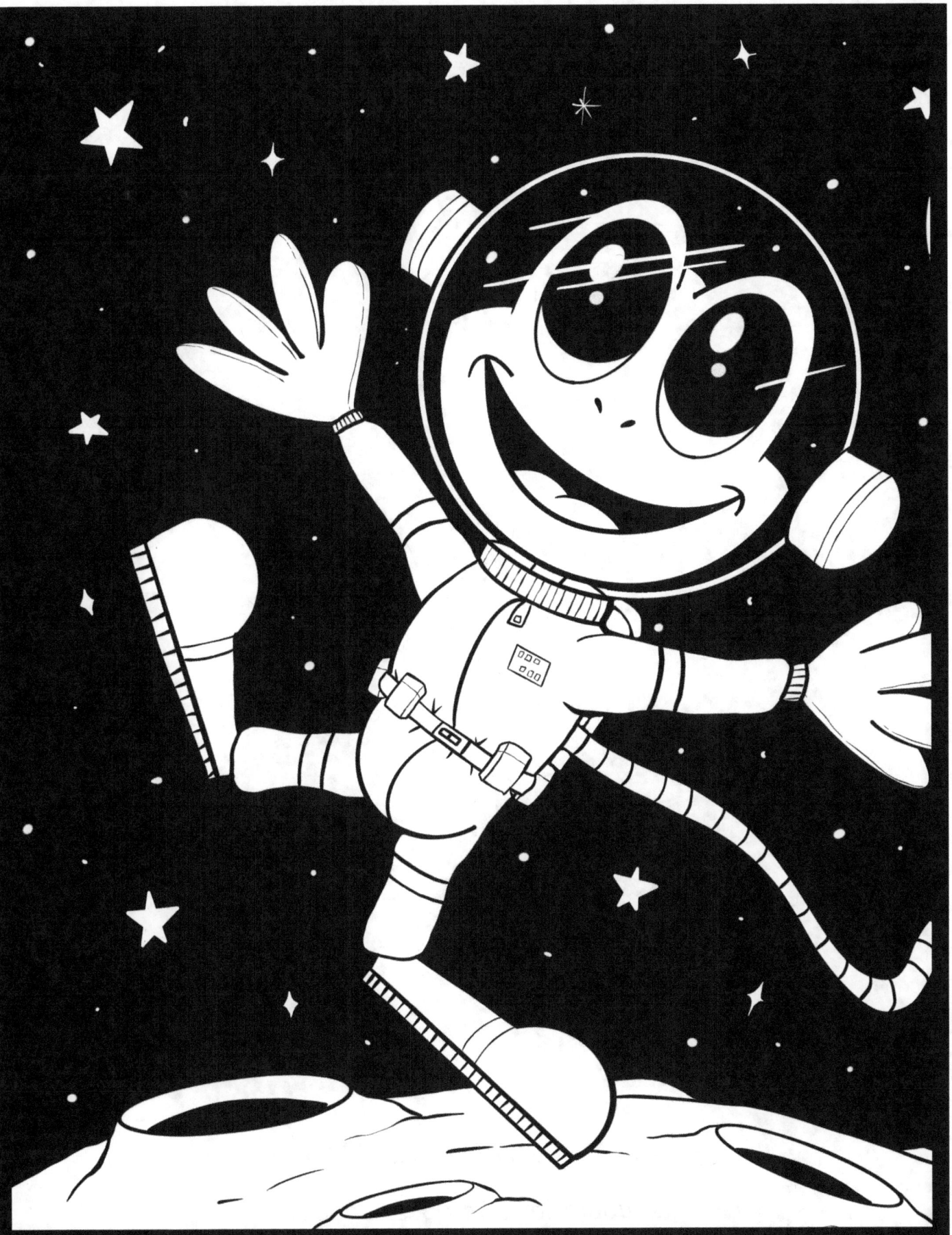

A mi me gustaría ir al espacio.

(I would love to go to space.)

SOPA DE LETRAS
(Alphabet Soup Puzzle)

```
E H I B I S C O D F
Z J V P K G A L X U
F M B C L O R I O I
L Q U O W A E M S H
C I H T A L Y J Z B
K Y S O V E I A L T
P U E R T O R I C O
G S H R N Y D W O V
W X I A U S J Y Q H
B O R I K E N F U A
L M U C A R O W I K
```

Coquí   Playa   Hibisco   Boa   Cotorra
Carey   Puerto Rico   Río   Múcaro   Borikén

Sopa de Letras

(Alphabet Soup Puzzle)

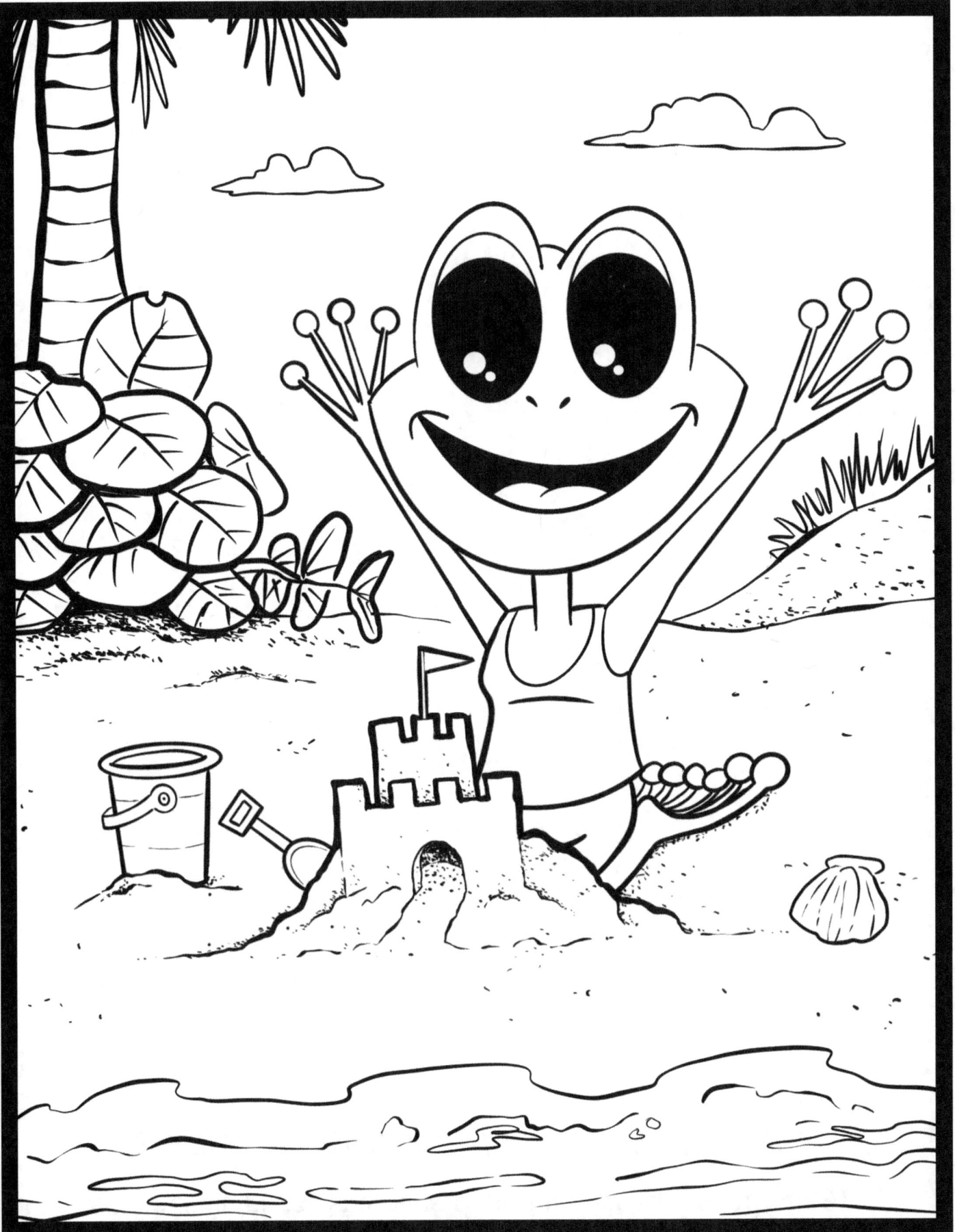

¡Ir a la playa y construir castillos de arena es increíble!
(Going to the beach and build sand castles is amazing!)

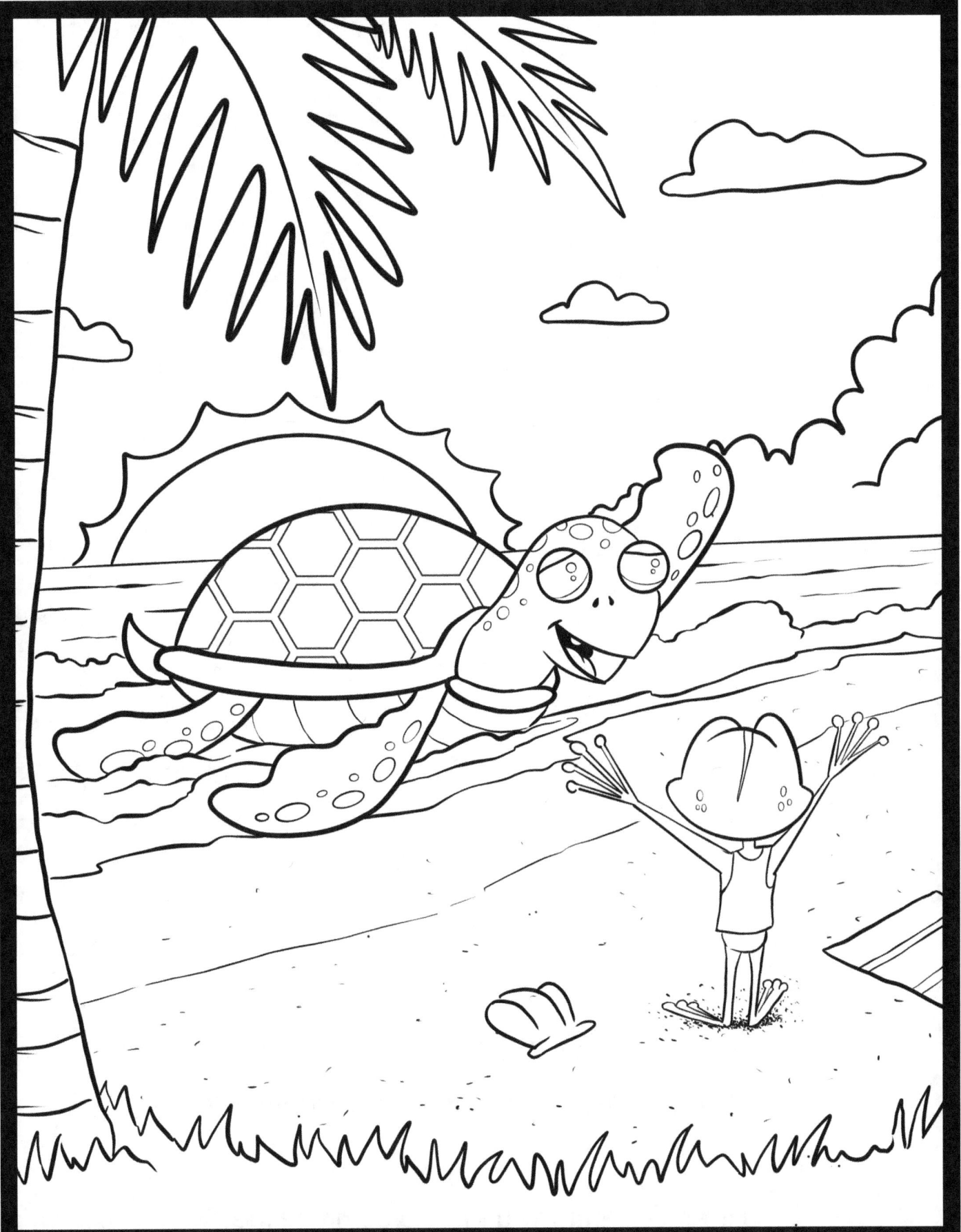

-¡Hola Mario Carey!
-¡Hola Koki! ¿Quieres ir a dar una vuelta?

(-Hi, Mario Carey!

-Hi Koki! Would you like to go on a ride?)

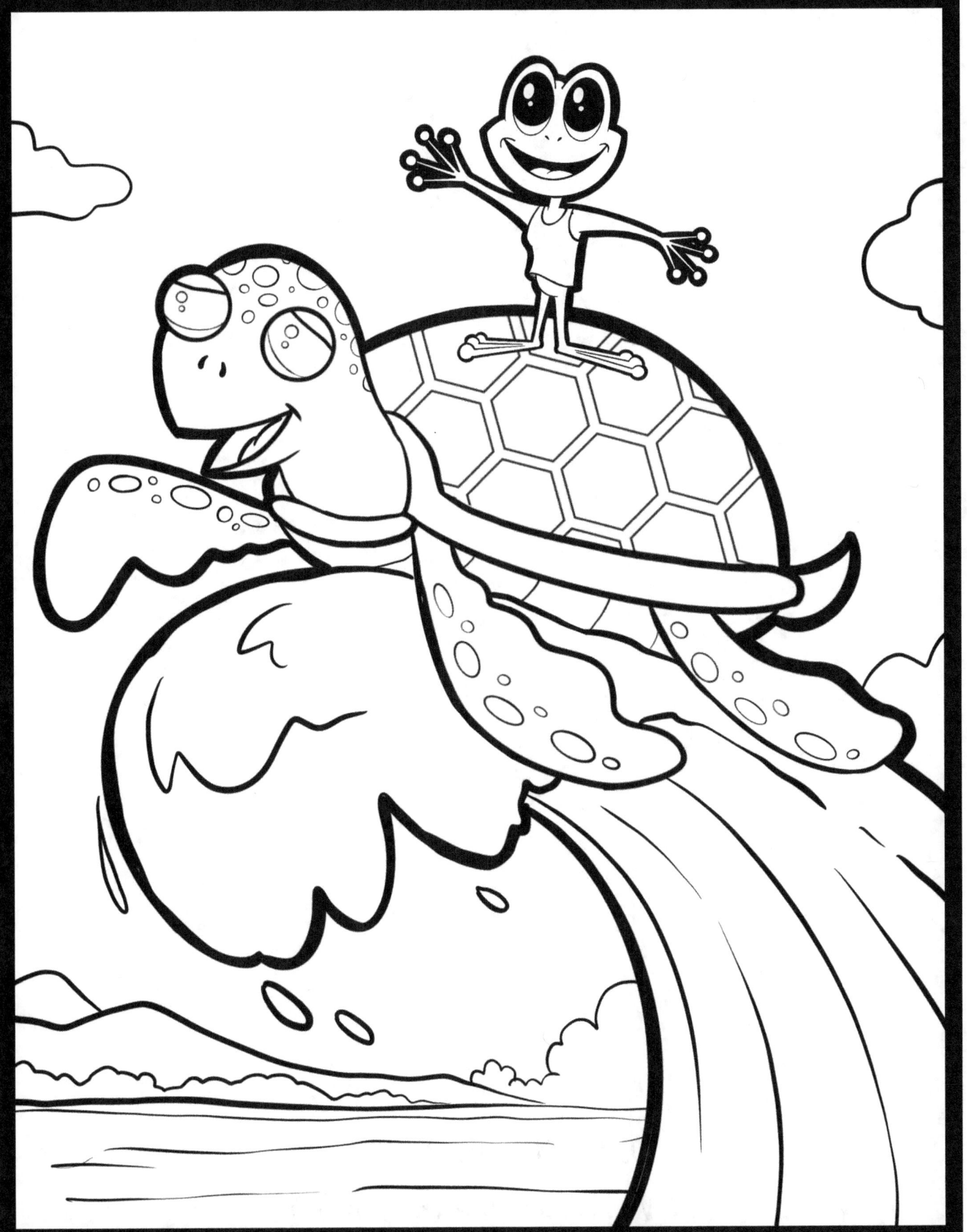

Nos encata correr las olas.

(We love to ride the waves.)

LABERINTO (Maze)

AYUDA A NIKA A LLEGAR A LA PLAYA
(HELP NIKA GET TO THE BEACH.)

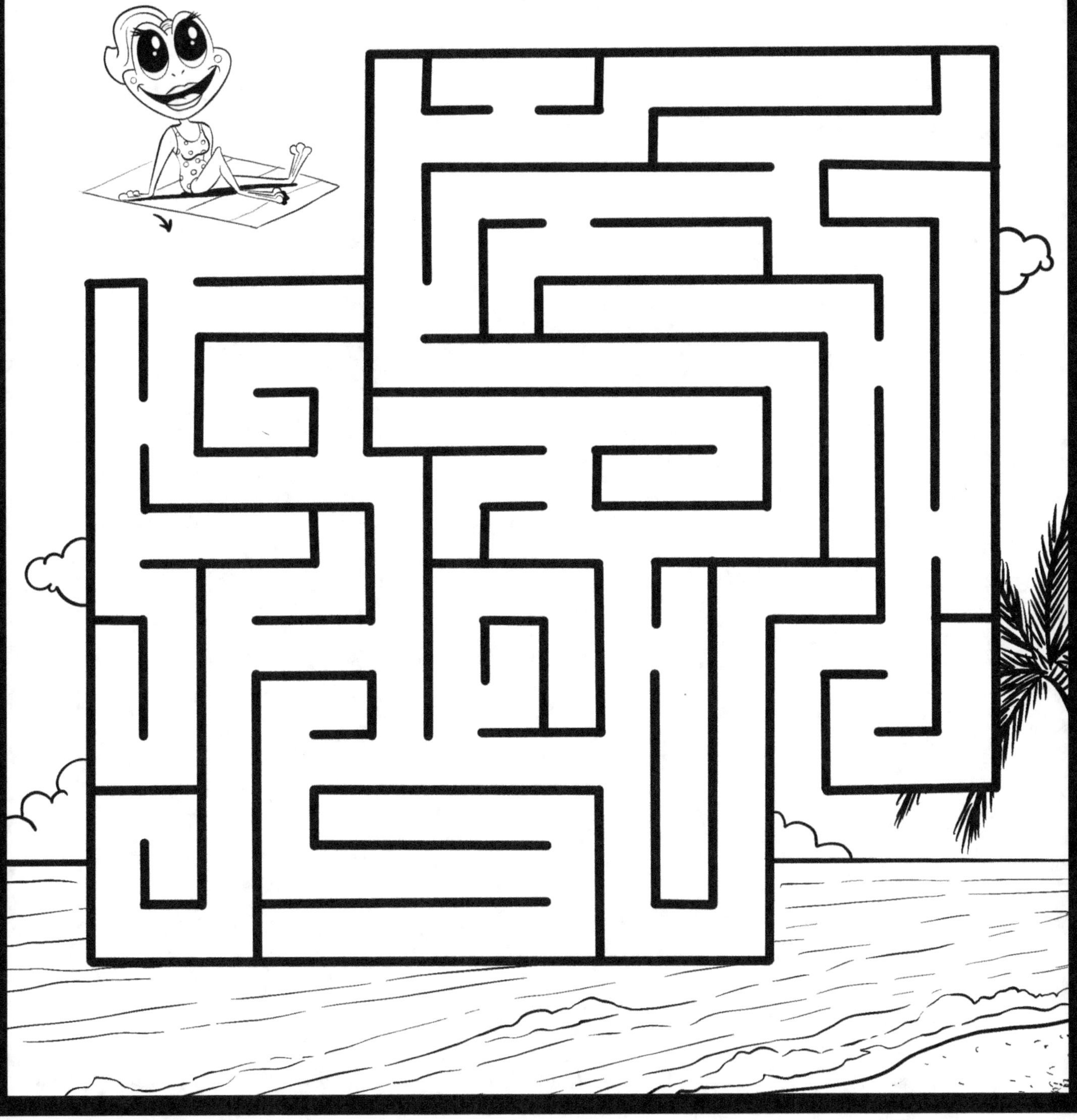

Laberinto

(Maze)

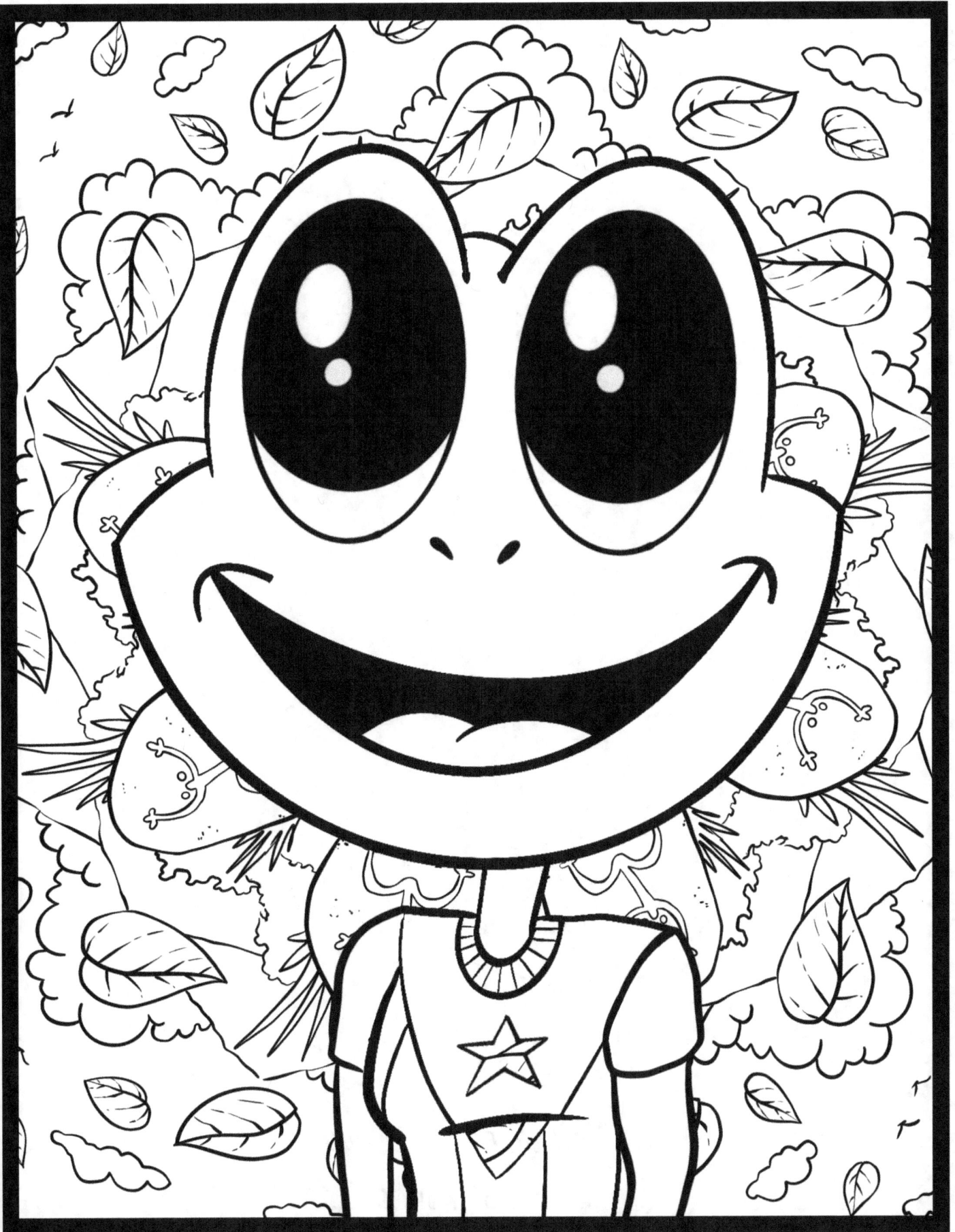

Un Retrato de Koki Coquí.

(A Portrait of Koki Coquí.)

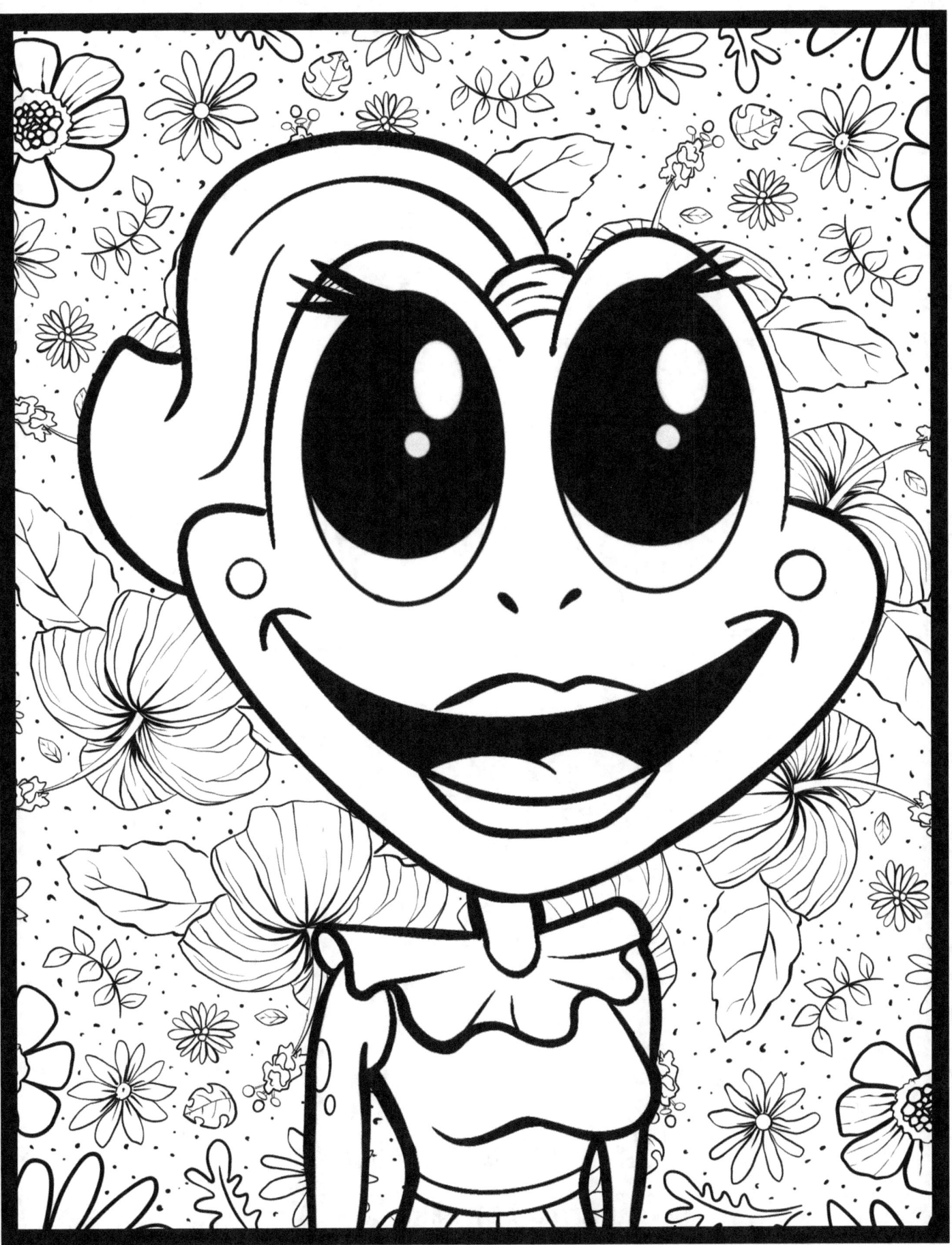

Un Retrato de Nika Coquí.

(A Portrait of Nika Coquí.)

Dibuja a Koki Coquí en el cuadro vacío.

(Draw Koki Coquí in the empty square)

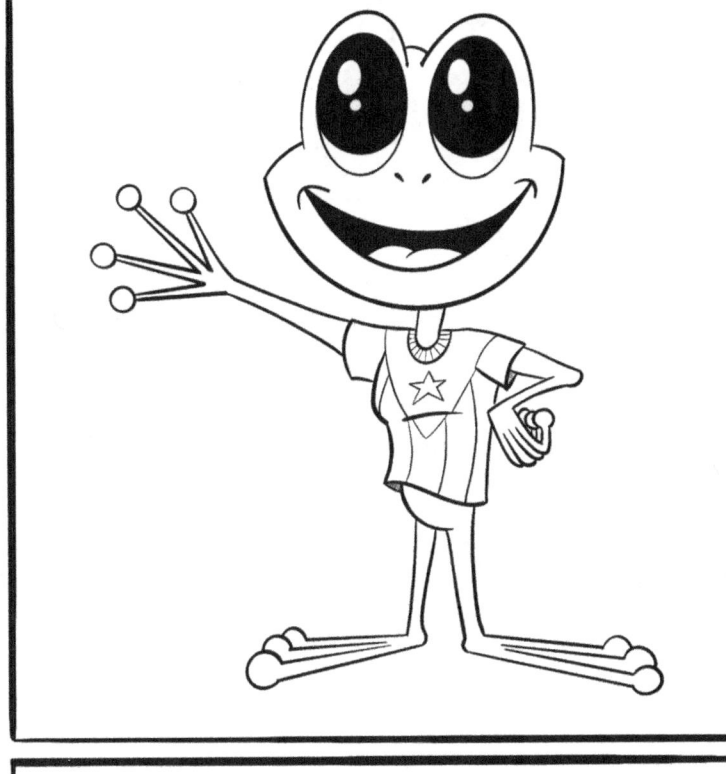

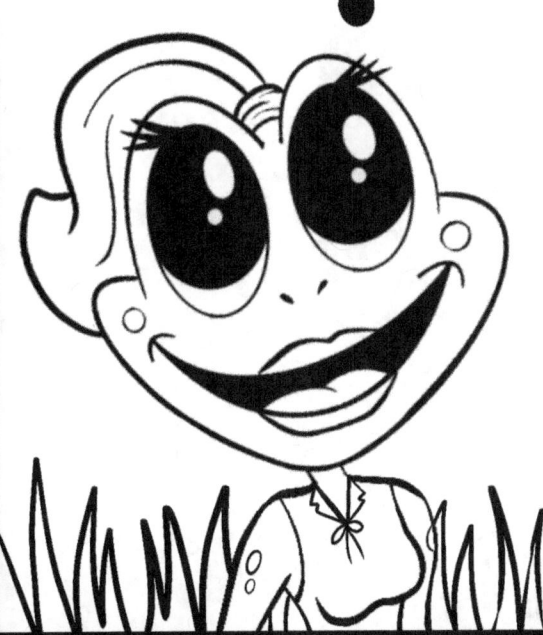

Dibuja a Koki Coquí.

(Draw Koki Coquí.)

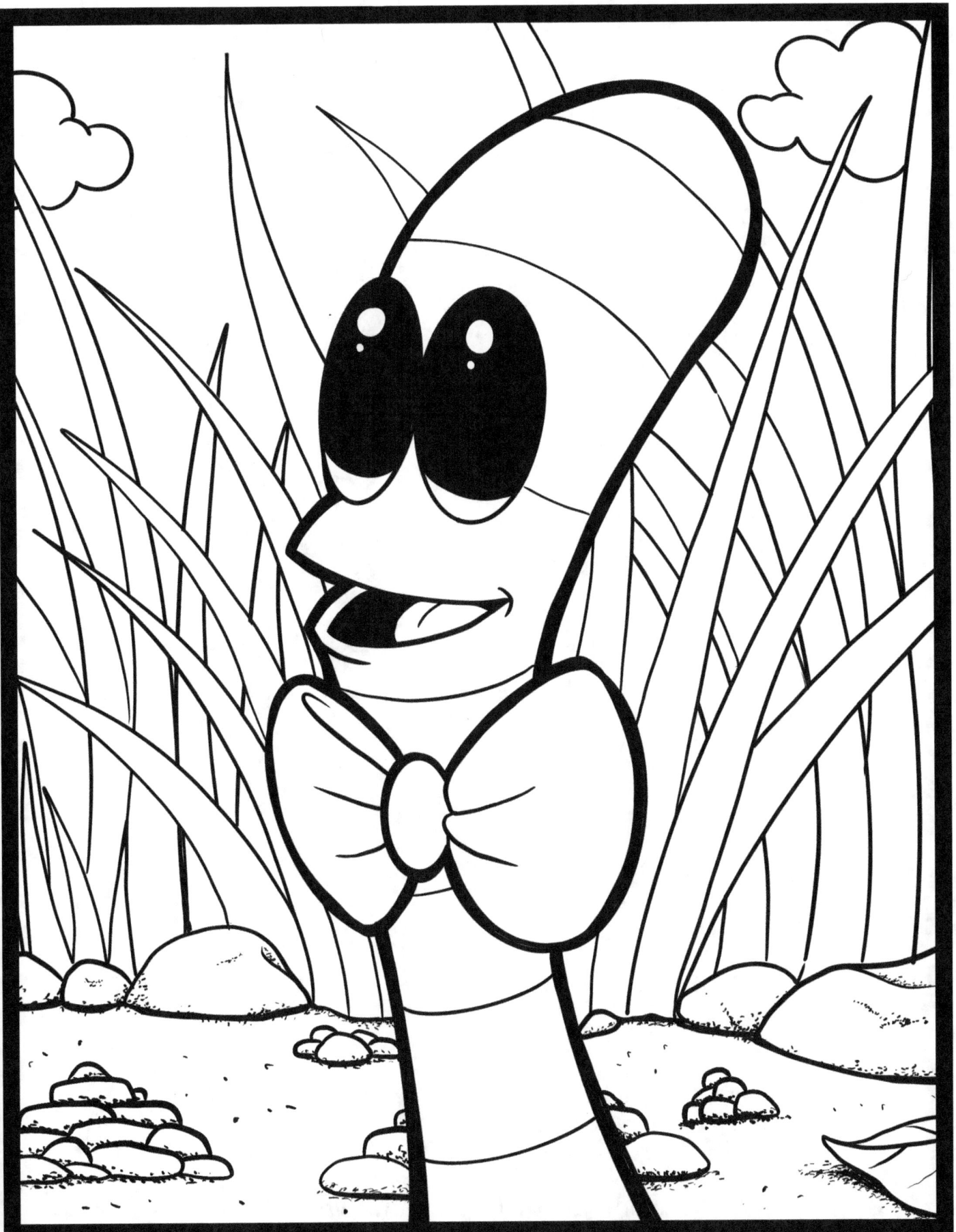

Un Retrato de Pepe Lombríz de Tierra.

(A Portrait of Pepe Earthworm.)

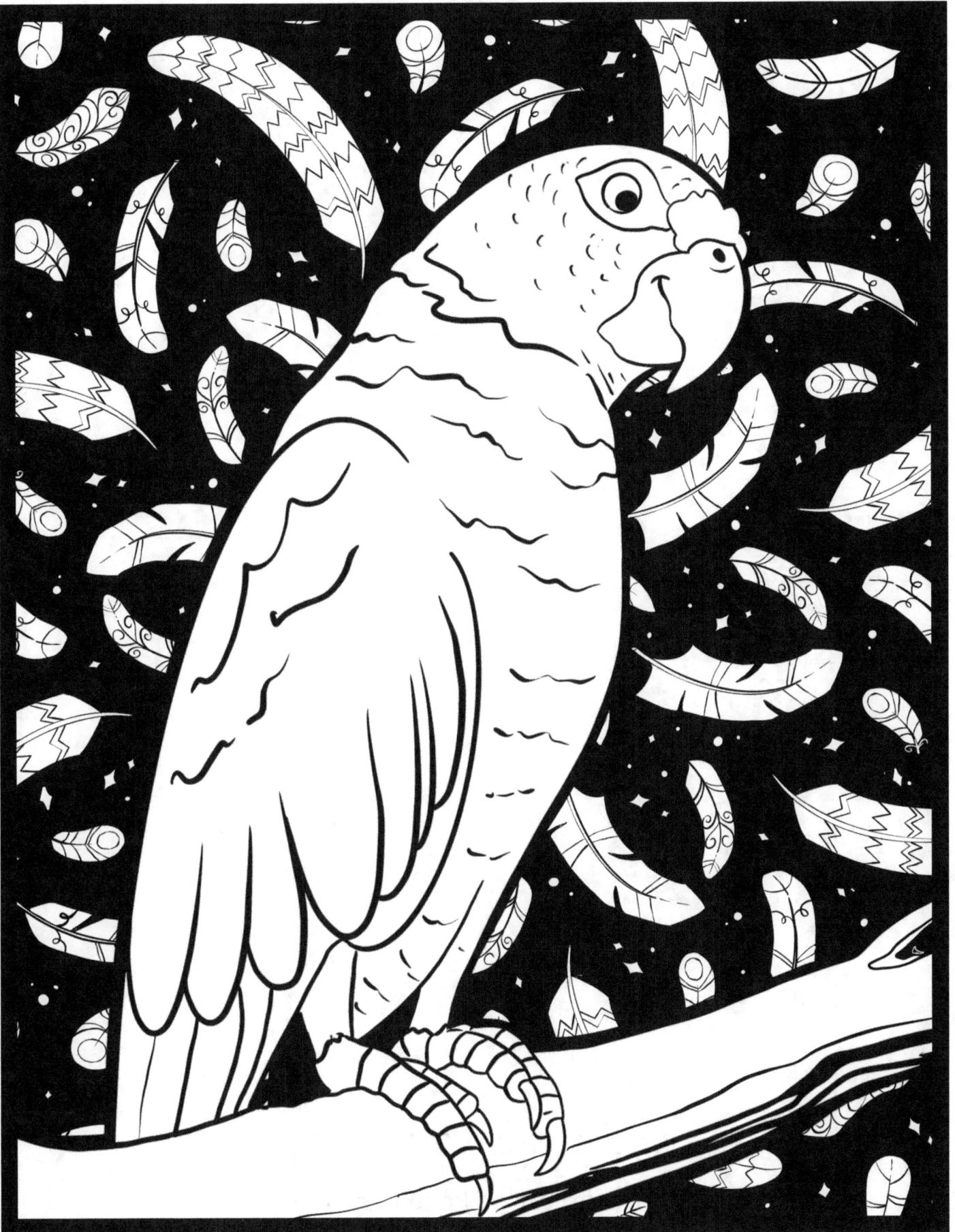

Un Retrato de Paco Cotorra.

(A Portrait of Paco Parrot.)

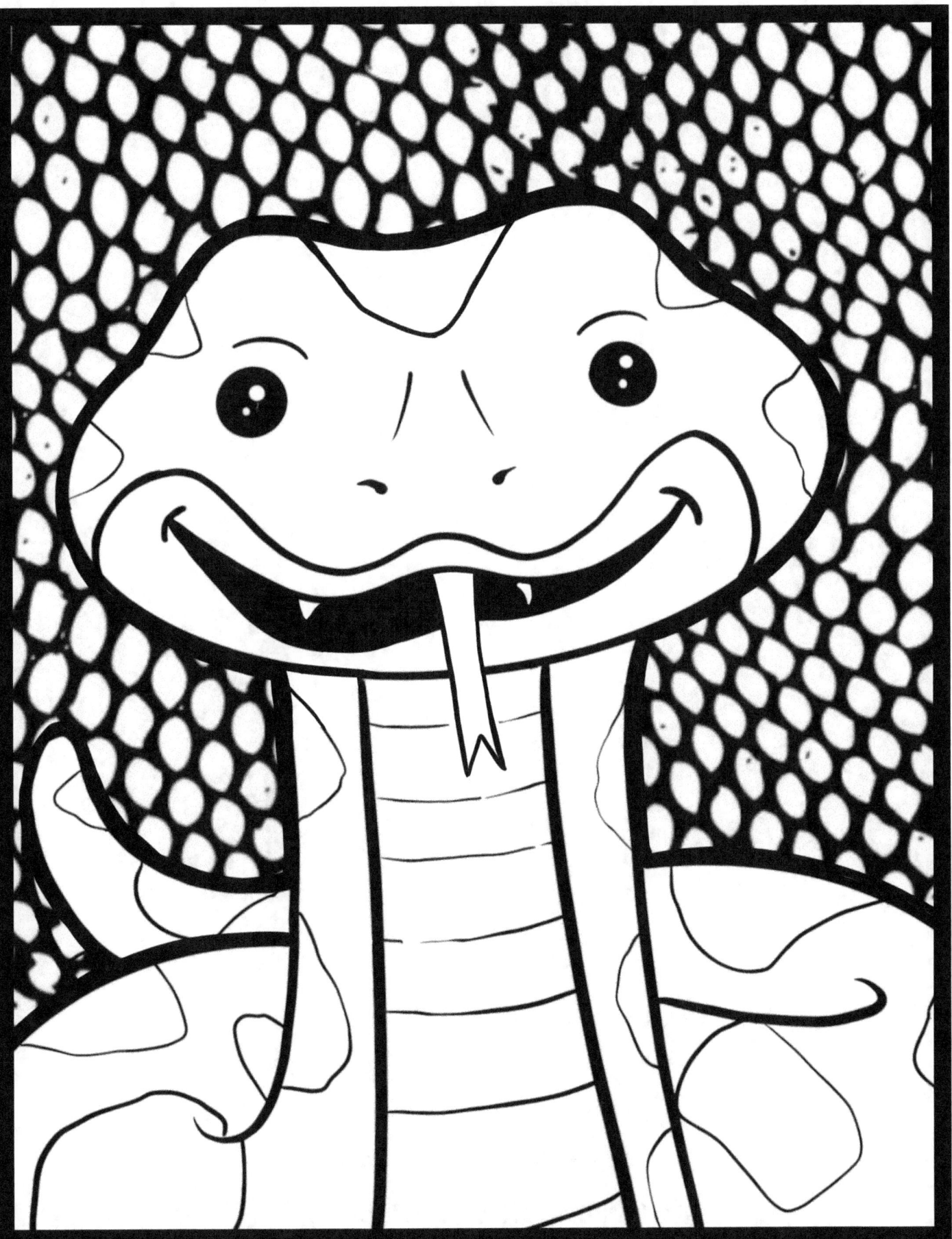

Un Retrato de Juan Boa.

(A Portrait of Juan Boa.)

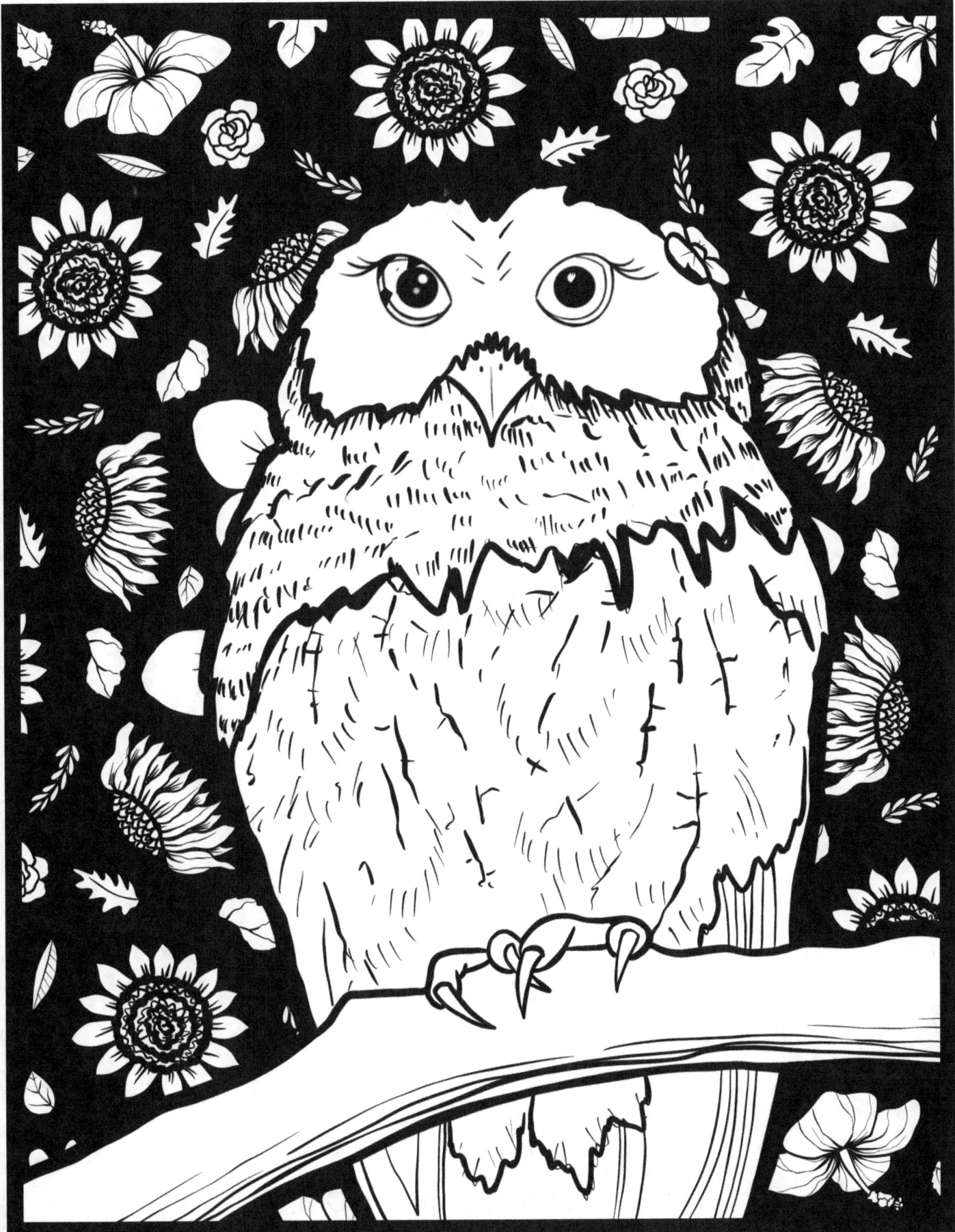

Un Retrato de Sandy la Múcaro.

(A Portrait of Sandy the Owl.)

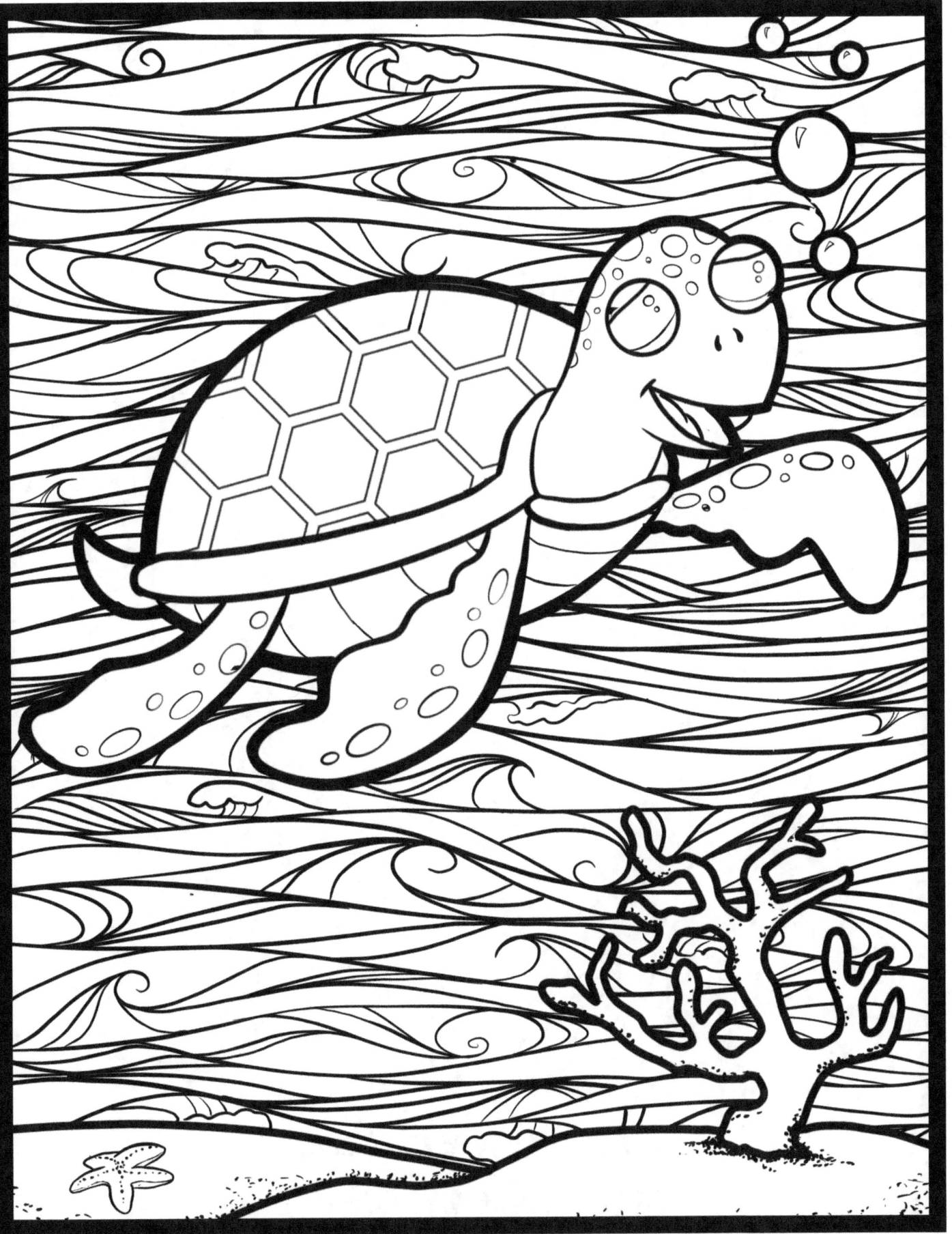

Un Retrato de Mario Carey.

(A Portrait of Mario Carey.)

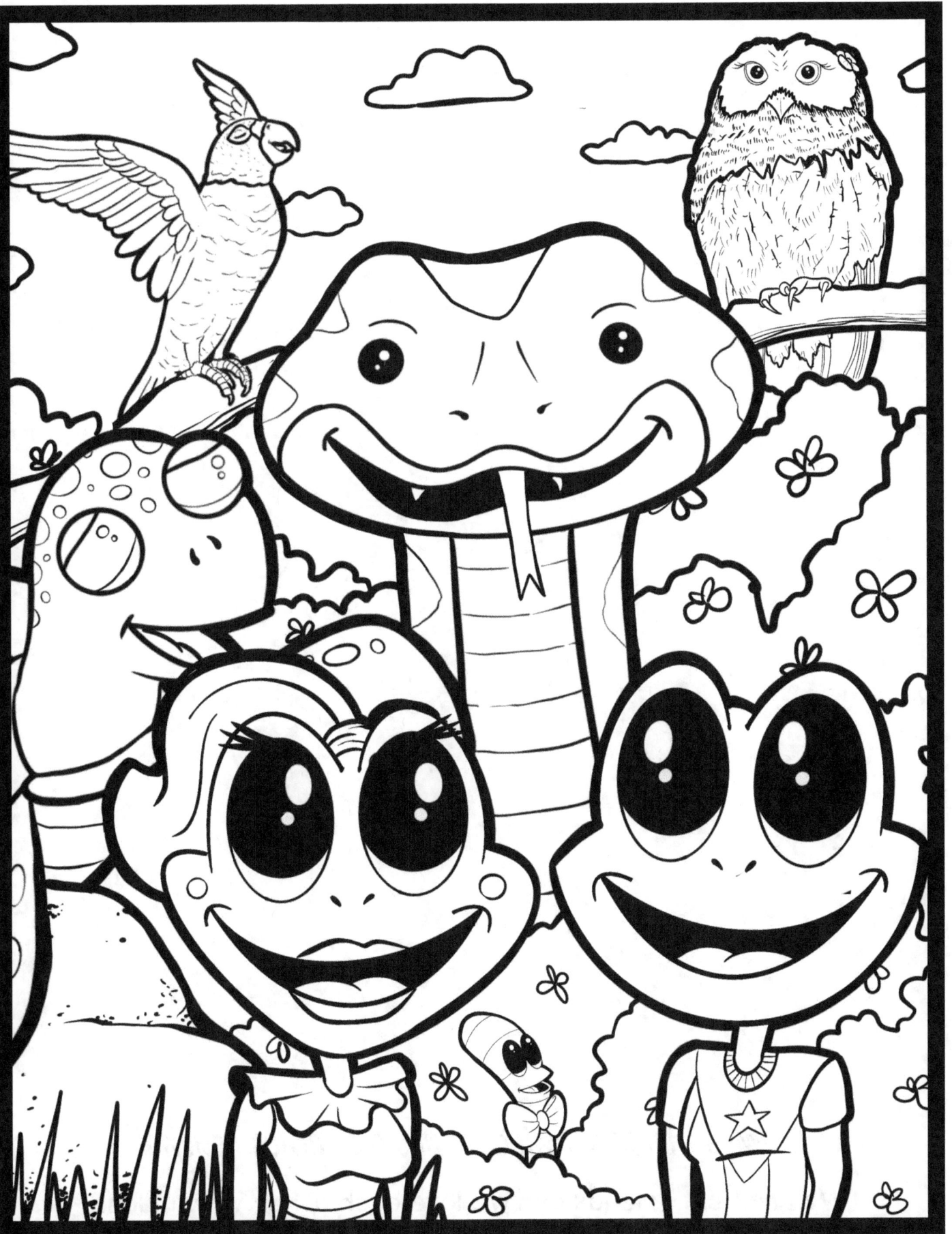

¡Somos mejores amigos y nos queremos mucho!
(We are best friends and we love each other very much!)

www.ingramcontent.com/pod-product-compliance
Lightning Source LLC
Chambersburg PA
CBHW060004230526
45472CB00008B/1941